思想觀念的帶動者

文化現象的觀察者

本土經驗的整理者

生命故事的關懷者

心靈工坊 PsyGarden

Caring

生命長河，如夢如風
猶如一段逆向的歷程
一個掙扎的故事，一種反差的存在
留下探索的紀錄與軌跡

這本書奉獻給

所有想努力提昇自我的有情眾生。

This book is dedicated to all the people who try to live even more wiser.

動物生死書

Living and Dying of the Companion Animal

杜白 ㊔

視眾生如親

鄭振煌
（法鼓佛教研修學院兼任副教授、新加坡佛學院客座教授）

小時候生長在鄉下，家家戶戶都養有牛、豬、雞、鴨、鵝等牲畜。貓、狗更是不可少的家庭份子，因為鼠輩猖獗，偷吃穀物、蔬果、食品等，貓可以派上用場；而農家幾乎是門戶大開的，就仰賴忠心耿耿的狗來看守了，何況狗還可以捕捉野兔或其他獵物呢。

印象中的貓、狗都被當成人，吃在一塊，玩在一塊，工作在一塊，根本不是什麼寵物。我們可以對貓、狗講話，更經常以肢體語言溝通，「眾生都有佛（靈）性」

不是佛教的教條，而是三歲小孩都知道的生命智慧。

貓、狗是最善體人意的動物，因此成為人類的最好朋友，可以分享彼此的喜怒哀樂，難怪家有逆子的人都會浩歎：「養人不如養狗。」

貓、狗的生老病死，和人是休戚與共的。我們會為貓、狗的生而雀躍不已，把喜事傳遍全村子，甚至讓遠方的親人沾沾喜氣。我們也會為貓、狗的老病而憂心忡忡，但是牠們有自我療癒之道，不用煩到獸醫師，在那個匱乏的年代，鄉下人的命值不了幾個錢，生病就自己拔些草藥煎來吃，豈有餘錢幫病貓、病狗找醫生？至於貓、狗的死亡，我們會難過好久，甚至懷念一輩子，不過貓、狗都有「預知時至」的本能，臨終前在飼主家繞幾圈，做最後的回顧，就遠走荒郊野外，不知所終，我們是很少為貓、狗送終的。

這些知識，小孩子耳濡目染，不學就會。長大後，離鄉背井，流浪到繁華的台北讀書、成家立業，從此被抽離了根，住的是接觸不到地面的公寓，籠子般的偪促，即使想重溫舊夢都不可得。我的兒子小時候也挺喜歡狗，撿了一隻流浪狗回家養，牠受不了整天被關在陽台，藉蹓狗的放風機會，硬是掙脫跑掉了。

這是我與貓、狗的第一類接觸，不擅此道久矣！每每看到別人把貓、狗當寵物養，都很讚歎他們的愛心和幸福，畢竟在都市養貓、狗，是很費時、費事、費心、費錢的事。然而往深一層思維，貓、狗比人還有佛（靈）性，怎麼是寵物呢？牠們是我們的恩師，舉世滔滔，有幾個人像貓那般的潔身自愛？有幾個人像狗那般的忠直誠信呢？人類對牠們感恩都還來不及，如果再丟棄，不就忘恩負義到了極點？看了流浪貓、流浪狗，心頭都很痛，想的是「安得廣廈千萬間，天下貓狗盡歡顏」？（當然可憐的人類更應照顧）至於行政單位的捕殺流浪動物，無異屠殺生靈。人只是眾生之一，與其他有情、無情類是互依互存、同體共生的，傷害其他有情、無情，到頭來就是傷害自己。

看了這本書，心有戚戚焉。作者的專業知識和流暢筆觸，是科普的典範；他的慈悲心腸和生死智慧，彰顯菩薩道的六度萬行；他對於貓、狗的臨終關懷和助念度亡，直探佛的圓滿境界。這是稀有難得的護生寶典。

二〇〇六年十二月二十二日時值冬至

同伴動物存在的可貴性

（梅門一氣流行養生學會創辦人）
李鳳山

小時候，我家裡什麼動物都養，除了大型猛獸沒養過，貓、狗、魚、兔子、烏龜、老鼠、青蛙、雞、鴨、鳥等。甚至養到整個屋子裡都是各式各樣的鳥飛來飛去，熱鬧得不得了！

所以，我從小就對動物有一種特別的敏銳性。如同《動物生死書》作者杜白醫師所說，動物這趟人生之旅是來修行進化的，我深有同感。甚且，我相信，不僅動物，其實宇宙中的萬事萬物都在修——一個人修煉得花上幾十年功夫，動物可能要幾百年，植物更要花上幾千年，礦物當然更久，要幾萬甚至上億年。萬事萬物都在修煉，如果按部就班地好好鍛鍊，大家都能修成正果。這也就是杜醫師在書中提到的，生老病死苦是一個讓大家學習、進化的程序。

以「生」來講，動物的功課是從生活中感受牠生存的條件，譬如書中最常提到的狗，牠們的生就是要來親近人類，這就是牠本生的生活條件。有些狗命運比較好，被有錢人家收養，生活優裕；有些狗被一般人家收養；有些狗沒人養，變成野狗流離失所。但不管牠們的生活條件如何，都不會失去動物的生存本能。

基本上，動物的生存條件很單純，比方吃東西，動物不會吃太多，也不會讓自己過度飢餓。反倒是人類自己要注意，把動物當人養，有可能讓牠們吃太多，或是吃太好，反而可能害了牠們。我記得小時候養狗，都是人吃什麼，狗就吃什麼，但是長輩會交代要把狗吃的東西沖淡些、煮爛點，不要給狗吃味道太重的食物，甚至如果要幫助狗生存得更好，最好還讓牠們素食。這都是有道理的。

狗來到這個世界，就是在行「忠」的力量，所以每隻狗都會忠心耿耿。為什麼不能將狗當人養呢？因為狗有狗的體質和本性，若當人養會生人的病，使牠們失去本能。我們要讓狗盡到忠的表現，一是忠於狗的狗性，一是狗對人的忠。狗的一生如果能掌握這兩種現象，自然會提昇到另一個更高境界。

動物的單純與節制，正是人類應該要學習的。我們要向狗學習忠的領域——忠於人性、忠於人、忠於自己、忠於事業、忠於人類該有的行徑。狗有狗的能力，人有人的能力。若以人之能力能學到狗的忠，這人必能成為社會的中堅份子，而真正發揮穩定及平衡社會的作用。

人與人之間是一面鏡子，動物更是我們的一面鏡子。

所有的生命都會老化，動物老的時候，所有的行為變得更加緩慢、緩和。這時候，牠們需要人類的親近與照顧。我們要習慣牠們的緩慢，配合牠們緩和的行為，不要因急而大聲罵牠，也順便修養自己。

從杜醫師書中提到的幾個故事，我感受到社會的一個隱憂。就是許多人會拋棄老狗，讓牠們流浪。很多人養狗，小的時候覺得牠很可愛，讓我們感到快樂；精壯的時候牠可以當最好的伴侶，無論自己在什麼心情狀況下，狗都會忠心地陪伴著我們；但是當狗年紀大時，就開始厭煩、甚至拋棄。狗表現了忠義的精神，我們千萬不可忘恩負義，做一個不忠不義之人。

此外，人有時候對動物會有一廂情願的想法——怕牠冷，給牠穿衣服；怕牠亂，給牠剃毛髮；怕牠煩，給牠剪指甲；怕牠營養不良，給牠吃得複雜……這種種做法，讓動物失去原始的本能，反而容易使牠們生人的病。

其實，動物適應環境的能力很強，當牠們生病時，只要安撫牠們，牠們會有自癒的能力。但不可因為生病就拋棄牠，如果要拋棄，當初何必養牠？既然養牠，就要學習不改初衷，不要做無情無義的人。

從書中，我們看到人與動物有不同處，也有相同處。我們要在不同處學習瞭解牠們，對於相同處學習感同身受。相信如果我們能從與動物的互動中學習感同身受，真正貼切地互相照顧，不但是動物與人，就是人與人之間的衝突都會減少，這個世界也將更加平和。

書中也提到，一般人面對寵物的死亡，多少會感到哀傷，如何才能像杜醫師所說，臨終是充滿希望與喜悅的呢？其實，對動物跟對人的道理是一樣的，只要盡心，就不會哀傷。也就是說，如果我們在對方生前，掌握每個當下，該怎麼樣就怎麼樣，該怎麼對待、該怎麼訓練、該怎麼愛護，就去做。如此，當牠們要走的時候，我們會祝福對方，不會感到過度哀傷。

當動物走的時候，我們還要反省：牠是怎麼走的？是自然的？是骨質疏鬆？是糖尿病？是肥胖症？還是癌症？我們要想想，自己有沒有害了牠？如果問心無愧，往後還要保持謹慎；如果問心有愧，就要衡量自己的環境、心境與能力，是不是有資格養動物。否則再養一隻動物，也只是把牠當成娛樂工具，或是用來彌補、陪伴自己。這都是不對的。

人到底是人，動物到底是動物，不要把動物當人看，也不要把人當動物看。我們可以從一隻自己養的動物身上去感受所有動物存在的可貴性。牠們不只是我們人生的陪伴，更是我們在整個宇宙中學習的一個引導。從小動物的生老病死苦，杜醫師讓我們看到生靈萬物在整個宇宙中存在的價值，相信只要大家能夠學習到書中不斷反省的精神，必然能夠達到靈性的進化與提昇！

守護生命的菩薩

（佛光山法堂書記二室主任）滿觀法師

認識杜白醫師將近二十年了。那時我尚未出家，在一家出版社負責兩份雜誌。曾經邀請杜醫師在雜誌上寫了一些有關動物的文章，也首次見識到他的生花妙筆。原來，他那拿著針筒、手術刀的手，提起筆來也揮灑得那麼俐落傑出；原來，專業的學識，可以寫得那麼活潑有趣，精彩動人。

他之前的《會笑的狗》、《流浪的大麥町》、《葫蘆貓》等書，一則則趣味橫生又感人至深的動物故事，以及動物與人之間的互動情事等等，撼動許多大小心靈。

在共鳴會心中，我想我們多少尋回了如動物般自然、天真、樸實、善良的本性吧！

杜醫師的這本《動物生死書》和前面幾本很不一樣。他以二十幾年的臨床經驗，從對動物、對人的「醫身療心」中，看到生老病死苦的真相。嚴肅的課題裡，有生命學、醫學、社會學、自然科學、宇宙學等理論，有詼諧又貼切的譬喻，有真情感人的事例。而宗教信仰就像一條美麗的絲線，將這些「事」與「理」貫穿成一串晶瑩的念珠。

也因其渾然天成的善根、慧眼，使得他能和發現宇宙真理、生命奧祕的佛教相應。融攝一切生命學的佛法，印證世間現象，讓我們於事於理於人，找到圓滿而安心的註解！

我相信杜醫師是乘願再來的菩薩，他依佛指示，來世間守護動物，並藉由動物，讓牠的同類——人類，能體悟生命的真諦。

印象裡，俗家一直貓狗不斷，少則一兩隻，多則七八隻，也不知牠們打從哪兒來的。不是寵物，倒像是家裡的成員；比我們更自由的成員，有得吃、有得住，可以自由進出，甚至在外面玩幾天才回家（我弟弟還說，牠們最幸福的是不用考試、寫作業）。

記得十五、六歲時，有天晚上，一隻小貓生病，我抱著牠，哥哥騎腳踏車載我們奔往動物醫院。我焦慮掛心懷中的小生命。冷清的街道，隨著一盞盞的路燈在眼前行過，原本尚溫暖的小身軀，竟開始變涼，手裡感受到逐漸失去的溫度，我慌亂地哭起來，熱淚一滴滴落在冷冷的身體。

這是我第一次體會到動物之死。

第二次，是我在台北上班時。住在公寓養狗不方便，養貓成了必然的選擇，第一隻貓便是杜醫師送的白色小土貓。後來又養了一隻波斯貓，這位養在深閨、不諳世事的小姑娘，第一次懷孕生產時，表現出的驚慌、害怕、手足無措，打破我過去從「傳言」得來的認知：不能觀看母貓生產，因為有人窺視，牠們會把自己的小孩咬死。

預產期那天一大早，這隻貓咪就亦步亦趨的黏著我。我和牠一樣緊張，三番兩次打電話請教杜醫師「接生婆」之道。折騰半天，第一隻小貓溼漉漉出來了。我依指示為牠剪臍帶、用線綁好，再用紗布輕輕擦那小小一團生命。尚未處理完，母貓又出力鼓動肚子，不久兩隻細細的腳露出來，怎麼辦？趕緊向杜醫師求救，他告訴我一手按摩母貓肚子，一手拿著毛巾，輕輕轉動露在外面的小貓下肢。電話那頭的聲音溫和又堅定：「一定要趕快把這隻小貓拉出來，否則肚子裡其他貓咪出不來，會死在裡面。」

當那隻難產的小貓拉出來時，牠兩隻腿已伸直，不再有呼吸。我放在一旁，就忙不迭地顧著一骨碌再冒出來的兩隻小貓。那時，我尚未學佛，那隻一出生即夭折的小生命，只被草草埋在附近的樹林裡，連一聲佛號、一遍「往生咒」也沒給牠。

「生死」的學分，是出家之後才開始認真修習的。

生命的生老病死，萬物的成住壞空，是宇宙必然現象，有人體會得深，有人體會得淺；有人及時超脫，任運自在，有人終生沉溺，執迷不悟。身為動物醫生的杜白，藉著動物，藉著他那一隻好筆，為我們搭起由迷到悟的橋樑。

他說動物是人類的共修、伴讀，牠們來到世間的腳本裡，寫著「要幫助人類向上提昇」，更註明「要尋找宗教慰藉」。因此，在牠們生命的每一階段、每一關卡，都希望能和親愛的主人或有緣認識的人，一起加分，而不是被扣分。慈悲、結緣，是加分；殘忍、造惡業，是扣分。無私、忠誠、奉獻、寬心、愉悅，都能加分；自私、怨恨、嫉妒、牽掛、不安，都會被扣分呢！

如同極樂世界裡的白鶴、孔雀等眾鳥，皆是為法音宣流而婉轉啼鳴，皆是在演唱五根、五力、七菩提分、八正道等佛法。甚至禪宗亦言：「青青翠竹，盡是法身；鬱鬱黃花，無非般若。」不論有情、無情，大地盡是法，就看我們能否會得？

一直記著杜白說過的一句話：「動物不會造業，只是來承受果報。」動物身，是牠們的果報，靈冥不失的真心佛性，往往讓牠們表現真善美的高貴情操，我想這是身邊有動物的人能感受和認同的。

伴在身旁的貓狗，用十多年的生命「以身說法」，我們怎能不疼惜、感恩呢！杜醫師這位守護生命的菩薩，如「大醫王」，不只告訴我們除了照顧動物的身體，尊重體貼牠們的情感，更應關注牠們的性靈，也指引該如何讓牠們往生至光明的善道。

佛教是尊重生命的宗教，常言「一切眾生皆有佛性」，也倡導「同體共生」、「慈悲護生」的觀念。但是，確如杜白在自序中所言，寺院對飼養動物卻又有所顧忌。身為喜愛動物的出家人，我能體會箇中深意。

如書中言：「牽掛是折磨，一種最牽腸掛肚最折磨人的苦。」捨俗出家，必須辭親割愛，了無牽掛，怎再養個動物來牽絆呢？

雖然如此，每次看到貓咪，我依然會眼睛一亮、心一動，忍不住趨前，想摸摸牠，跟牠說說話。

如何才能溫柔而不黏膩，慈悲而不貪愛？杜白對「佛」字詮釋得好：「左邊站著一個人，右邊彎彎曲曲的線條，被畫下兩道直線，就是人看著世事曲折變化，被兩把劍給刺穿，這兩把劍就是智慧與慈悲。」沒錯，每個生命都有成佛的可能性，當我們能悲智雙運，本自具足的佛性就能綻露光芒了。

這本《動物生死書》是喜愛動物的人、家有養動物的人，以及關懷生命的修行者，一定要讀的好書！因為讀了它，真的能自利利他，能與我們所愛的動物伴侶共同圓滿生命，成就佛道。

心靈底層的小泡沫

我把聖賢的教誨跟小時候看的星空連結起來，體悟到一個很微妙的感受，就是宇宙間有個十分恆久的智慧，這個智慧一定超越佛學、科學、倫理道德、文明文化等等我們所能理解的層次。

我一直對「發明」這個字眼，十分不以為然，我深信，人類只是不斷地發現，不斷地找到一些早已存在的事與物，沒有發明，只有發現罷了。

許多東西靜靜地存在億萬年了，人們用有限的能力找到一樣就欣喜若狂，著書立作，申請專利……其實，都是在瞎忙。

二十一世紀是個非常焦慮的世代，因為以現有尚未進化的人類所製造出來的科技，短暫的蒙受其利，卻必須長期忍受其所帶來的災難，人類的不安儼然熱鍋上的螞蟻。

科技文明把悲劇描述得越來越清晰，於是成了第三個千禧年的大怪獸。這個怪獸天天來敲我們的門，告訴我們臭氧破洞又擴大了多少，南北極的冰山又融化了多少，地球的暖化早已啓動，擋也擋不住。人類即使用一切力量來推動環保，也只能把悲劇稍微延後一些。

於是心靈復甦的追尋，成了在等待的過程中人們唯一能做的事，也就是在物極必反的鐵則中，人們找到喘息的唯一方式。

其實，古來聖賢所留下來的教誨，一直不斷的讓我們驚艷。

孔夫子說：吾十有五而志於學，三十而立，四十而不惑，五十知天命，六十耳順，七十從心所欲而不逾矩。

釋迦摩尼佛說：成住壞空，就是宇宙的真象。因果輪迴，從古到今，乃至到未來，都是不變的。

聖賢不斷提醒我們，過去未來都不可考，只有當下的現在才真實，才是安頓身心的唯一。

我始終堅信，靈修的過程中，狗貓這些貼身的小眾生，是一分不可忽視的助力，也是自古以來，一直被忽略的缺角，缺了一角就無法圓滿。但是為什麼靈修的人，絕大多數不願意主動去接觸動物？因為上師們怕我們分心了、被耽誤了。然而，越不去碰，因動物而衍生的障礙卻依舊在那，擋住了修行提昇的機會。

事實是：人與動物的連結其實是很緊密的，考古學裡有屢見不鮮的古老洞穴裡原始動物壁畫。生肖上，每個人都屬於一種動物。古今中外的文化中，常常用各種動物來敘述某些特質。嬰幼兒的玩具，動物造型佔了一大半。繪本、童話、寓言處處可見動物在說話。迪士尼卡通裡的大部分角色都是動物，連現在的電腦動畫也都以動物當主角。

嬰幼兒看見動物，都會出現直接而純真的反應，而卡通、動畫所展現的正是難忘的童年。養狗養貓的人，總是不由自主的跟牠們童言童語。因為潛意識中，我們都是同一族類。這些古老的記憶十分久遠，深植在我們的基因裡。隨著文明的洗禮，漸漸被封存在意識的最底層。

而今，人類與動物的連結只會越來越多，原因是：少子化，高齡化，人際越來越疏離。這時，動物就成了最佳良伴，不僅填補了這些空隙。仔細反思我們吃的穿的用的，甚至諸多美容聖品，也都來自動物，即使你不養狗貓，家裡一定存在跟動物有關的東西，比如皮鞋、皮帶、毛衣、鮮奶，或者令人噁心的貂皮大衣。

古人為了溫飽而捕獵，並且充分運用而不浪費。今人則在過度的溫飽之餘，十分愚蠢的追求精緻奢華。

談這些除了要揪出人類大沙文主義所造就出來的罪惡感，也希望激起那塵封了的同理心。

有了同理心，人類才有免於滅絕的希望。有了同理心，人們才會真正的謙卑。只有謙卑，還不足以拯救脆弱的心靈，你得參透知障而奮起。

我把佛家的生老病死加了一個苦字，然後依序鋪陳全書內容，並把重點放在「苦」，因為這是大家最不熟悉，卻也是受到折磨的部分。

一九八五年，我轉換跑道，離開解剖房，準備開一家動物診所。當時吉米．哈利（James Herriot）的「大地系列」（All Creatures Great and Small）正風行，我參與台視「快樂小天使」的節目，孰知教小朋友們飼養小動物的來信非常多，心想乾脆找個基地可以直接面對、馬上解決，不必再書信往返。我很誠心誠意跟觀世音菩薩求教，診所用什麼名字好呢？菩薩只說：六個字即可，至於筆劃，完全不重要（診所因此取名為「中心動物醫院」）。這一路走來，我看見生老病死苦不斷輪迴，第六個字竟正好是生，生生不息啊……

不知不覺地，竟然也就過了二十一個年頭，很長，也很短。

始終，我都把觀世音菩薩當成良師益友，從初中時期，跟著外婆、老媽，從北埔徒步走到小南坑，到香火鼎盛的濟化宮，跟祂老人家求救，祂總是不厭其煩地協助我，協助我的心成熟，協助我開智慧，不斷要求我多多磨練口才。

我記得一九八四年，跟菩薩暫別，準備去紐約的動物醫學中心學習，祂賜我金炮燭，並且鳴鼓請天兵天將相送。宮裡眾生低頭私語，這小子是誰呀，菩薩居然鳴鼓相送?!他們記得只有那麼一次，省主席來訪而擊鼓相迎。

這就是傻人有傻福。不但有傻福，也不吝嗇，有些長進，趕緊與大家分享。當時，我不清楚為什麼菩薩說「生老病死苦」，怎麼多了個苦呢？然而，我也完全沒有懷疑。現在，我明白了，原來，苦是二十一世紀最大的困擾。點出這個意義就是要特別把精神層面提出來，也就是說，了脫生死之餘，精神或者意識課題將在進化的過程裡躍升為主角。

讀者如你或許自信沒有這方面的困擾，可是就像開車，你以為謹慎駕駛就不會碰撞別人，別人卻可能失神撞上你，在人群中什麼事都可能發生，我們未必總是能夠僥倖躲過。我沒有能力解決人類所有心靈層面的苦惱，至少，我希望透過小眾生的助力，讓人們在苦障的迷陣中，不至於迷失與墮落，是同伴動物們幫助我們回到生命的基礎點上，讓我們得以重新出發。

上天要我當獸醫，給了我一隻快筆，恐怕是要我來填補那心靈成長過程中所出現的殘缺。尤其是讀完《西藏生死書》（The Tibetan Book of Living and Dying）時，我看到索甲仁波切（Sogyal Rinpoche）點明了中陰身的種種，解開了世俗人士對靈魂存在與未來的困惑，我就暗地裡決定，也寫一本動物的生死書。只是，狗貓的心裡想什麼，見仁見智，只要你認為如何，大概就是如何，因為，沒有人可以否定你的說法，除非牠們說出人話，然後，把大家都嚇一大跳。既不會通靈，又不會貓言狗語，就是我遲遲不敢提筆的理由。醞釀了很多年，熱心的心岱小姐，三言二語就把我給逼上梁山。但即便現在寫完了，我還是留給自己大大的一片空白，空出來給大智大慧來填補。

目錄

【死】

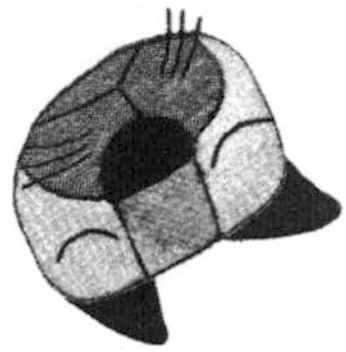

【苦】

生

動物其實是地球的原始住民，
不但可回溯的存在歷史遠甚於人類，
更因為不若人類複雜，
所思所行皆是為了存活下來這個單一目標。
也因此，當動物因緣際會出現在人類世界裡，
就是要用牠們的真實本性來教導人類，
例如狗的忠誠、貓的悠閒度日……
同伴動物是陪伴人類學習的最佳書僮。

生之初

在二十世紀末與二十一世紀初，反省聲浪讓生態環保意識更形高張，危機意識處處可見，許多人開始想要解放動物，希望藉諸普世認可的道德判斷，以反省與贖罪的心態，在利用動物的同時，能儘量減少牠們的痛苦，以減輕利用牠們之後的罪惡感。只是，一片保護聲中仍缺少了學習的意識覺醒。

古聖賢，包括各學派的教主，以其深邃的智慧，當然知道動物與生攜帶來的宇宙智慧，只是限於各階段的文明發展，以及民智所能理解的層次，爲了行教化之便，終究沒有特別挑明這些動物的智慧。

其實，這正是人類要深度進化的障礙與缺口。

許多人借諸靈修來進化提昇，卻不曾深度思索動物這個地球居民的另類智慧，可能帶給人類多大的提昇動力，所以，我們得謙卑地來回溯。

地球的原住民

地球上最早的居民是動物，就是大家熟知的恐龍與昆蟲，恐龍的存在可推溯至二億二千五百萬年前，甚至更早，而人類的出現，考古學家非常努力去挖掘去探索，約略得知，最早可能是百萬年前，因此可以說動物其實是地球的原住民。

一九九六年，美國航空暨太空總署在一枚一萬三千年前掉落在地球的火星隕石上，發現有三十億年前火星上可能有類似細菌的單細胞生物存在的證據。根據達爾文所提出的革命性理論「演化論」，這個可能是最低等的原始單細胞微生物，經過漫長時間的演化，從原始單細胞微生物、多細胞微生物、海中低等生物、有殼生物、魚類、兩棲類、爬蟲類、鳥類、哺乳類、靈長類、猿猴演化到人類。所以，人類可說是後來才到達的移民。

不幸的是，在大殞石的衝撞之下，同時引發大浩劫，使得恐龍消失，一些消耗力道最小的，在因緣巧合、諸多因素的配合之下，便逐漸演化成爲現今大家認識的種種動物。

所有的動物都攜帶了一些訊息，或者稱之爲生命體的優良素質。幾萬年以來，默默地守候在人類的周邊，對於地球，也多多少少都有些貢獻，唯獨人類這個頂級的消費者，因爲人口數量大增，爲求生活便利所消耗的能源燃燒，產生了過多的二氧化碳，慢慢腐蝕了防護地球的臭氧層。除此之外，還建構了各式的文明，這些文明對於地球之母而言，都是緩慢發作的毒素，當然也引發了地球的危機。

世代遺傳的優良素質

物種個體、語言、文學、藝術、科技、意識、性靈，幾萬年來都在一點一滴地慢慢演化。演化就是不進則退，不夠完美的基因組合，最後就會被迫慢慢消失。進化到一個極致，也免不了開始退化，就像登山一樣，爬到山頭，就得下山，因爲高處不勝寒。

最難能可貴的是，演化的過程中，只有動物會把優良的素質世代遺傳下去。這些素質，在上下四方、古往今來的宇宙中，恬靜亙古地存在著。

大部分的狗貓都是在兩個月左右進入我們的生活裡，因爲大家都以爲狗貓要從小開始養比較好，好訓練又親人。若以牠們長牙、換牙，性成熟的年齡來與人類的發展相對照，兩個月大約是人類的四、五歲。

動物在成長過程中離開親生母親，就會找一個新的母親，來繼續牠的成長與社會化過程。因此第一個帶牠回家的人，常常就是牠們這一生中排名第一的重要主人。儘管這個主人並沒有花很多時間照料牠的吃喝拉撒睡與玩耍，他（她）的第一重要性是永遠不變的。

這就是牠的忠實，牠們在被創造出來的時候，就已經被賦予的素質。

在先天條件上，動物沒有人類文明伴隨產生的拙劣面，例如複雜的思考方式、反覆無常的情緒波動、永遠無法塡滿的慾望坑洞、沙文主義的蠻橫以及相互殘殺的嗜血；也沒有人類文明必備的優勢點，包括資訊的匯集傳承、嚴謹的制約科技、向大自然抗衡的勇氣等等。因此，牠們把重點完全放在如何存活下來，而爲了存活，有幾項演化特徵一點一滴地持續默默進行著。

本諸天眞，自由自在

首先，同伴動物的體積始終比人類小。像狗，只有極少數的體重會與人類相似。

絕大多數都在二十公斤上下，甚至五公斤上下，以致食物的需求就比較低。其次是多胎，相較於人類的單胎，動物胎兒的存活率較低，多生幾個，總會有些順利長大。再者，因爲多胎，遺傳基因組合得以儘可能地出現，去迎接不同的生態挑戰。此外，貓狗的強項在於其生理構造，尤其是牙齒——食物入口的第一道消化關卡。狗貓的牙齒原本生來是吃葷的，門牙已經退化，而犬牙、小臼齒、大臼齒卻像斧頭一般尖銳，以牠們吃葷的牙齒結構，居然可以跟人類一樣的葷素不忌，消化吸收無礙，以致食物不虞匱乏，當然就不會瀕臨絕種，也不若其他物種可能需要花費大量資源來保護，反而不虞匱乏地具有高度的經濟價值，甚至偶爾過度泛濫而造成困擾。

狗貓最可貴的本事之一，就是存活了千萬年，第二本事則是伴隨著人類周遭過活，卻又不犯人類常犯的錯，甚至本諸天賦，能夠趨吉避凶。

動物這等本事，遠古人類同樣擁有，只是人類多了思維，建構了文明，這些文明卻又十分不文明，越演化越複雜，反而讓天賦本眞越來越退化，長大了，不知不覺就變了調。

也因爲本諸天賦，動物的身心靈既自由又自在，就像宇宙的存在。

基督徒深信有個全能的上帝，自由自在地創造了宇宙萬物一切的一切。佛教徒深信因緣，因緣俱足，一切的事與物自然就會出現。一切的來來去去，都是那麼的自由自在。而越來越多的科學家相信，宇宙的初始，很可能是那一丁點的量子泡沫，在那億兆分之一秒的瞬間，宇宙這麼自由自在的形成。至於那一丁點的量子泡沫又來自何方，我們不妨那麼自由自在地設想：可能眞的有那全能造物主的存在。因此，狗貓的出現，牠們的生生不息，何妨嚴肅地去正視。

曾經有個笑話，神是GOD，拿面鏡子放在D這個字邊，望向鏡子，看見的正是DOG。

帶著腳本來上學

生命的輪迴，有幾種說法。

有一說：生命像是有多個切面的鑽石，每次出生就是來把某幾面擦亮，當整顆鑽石全都擦得亮晶晶，就開始升級成爲智者或指導師，或稱之爲助教，去幫助其他生命擦亮，而不必再出生。

另有一說，每個人出生前，在另一個時空，在老師們的指導下，草擬好這一生的藍圖，再帶著藍圖降生，照著藍圖一步一步地走。

還有一說，宇宙間有一部非常非常大的超級大電腦，每個人就像一部小電腦，記錄著這一生的一切。即將離開人世的時候，小電腦會以極快的速度回顧這一生，並且

下載到磁片上。然後，回到超級大電腦，插入磁片，輸入資料，與累世的資料重新對照整理，看看還缺少什麼，或是沒有學好的，再重新出生。也就是說，每個人都是來這個世界學習的。當所有的學業都已完成，短期內就不必再出生。

當然，還有各個宗教裡，許多大家各自熟悉、認知與全然相信的說法。每種說法都具有正面的意義與價值。因爲宗教的產生，在不同的時空環境下，自然有不同的風貌，其核心價值就是安頓活人的心。希望每個人坦然地面對這個千變萬化的世界，好好過日子。

人生就是戲

我最欣賞前述的藍圖理論，只是我另有詮釋：帶著藍圖來，倒不如說帶著演戲的腳本來這人間學習。

藍圖用於建構，事先構思，計算之後繪成圖樣，才能循序完成。好比畫成什麼樣的房子，不能有絲毫的誤差，畢竟房子不可以隨便蓋；生命卻不同，它有無限的可能。因此同年同月同日同時出生的人，照說是相同的命運吧，循著這個命理，他們的一生運行應該也相同。然而帝王公侯將相乃至當今的總統、院長等等，跟他們同時出生的，絕對還有他人，說不定還不少，只是職位只有一個，也只能容下一個人。因此，如果拿的都是當總統或大官的藍圖，大家豈不搶破頭?!但卻從來沒有發生過。

所以，我欣賞腳本這一說，寫得很清楚，照著演就會十分順利。古往今來，許多人拿的腳本輕薄又短小，結果在人生的舞台上卻演得十分淋漓盡至，讓人拍案叫絕。因爲臨場的發揮，往往更引人。

每個人都拿著腳本來，這就是命。上台開演就憑本事，你不必字字句句照本宣科，你可以臨場發揮。同樣的腳本，今天演，明天演，不必百分百雷同。

你的腳本是大綱性的草擬，根據的是你諸多累世所學得的東西，至於上台要怎麼演，是毫無限制的。甚至，只要你才能許可，還可同時反串，一人扮演多重角色。

人生其實就是角色的扮演，每一世，你可以演不同的角色，當所有的角色都演完了，就歇著去吧。至於角色有多少，套句佛經上常說的：像那恆河的沙粒那麼多，數也數不盡。

生命舞台上，各自展演

許多宗教產生時，當今科技都還未萌芽，因應科技所產生的角色，在古時候是不存在的。所以歇息完了，新的角色出現，你得再來扮演一番。這就應了前面提過的，所有的人事物都會演化，生命同樣得跟著演化的腳步走。

拿著腳本來上學，學習如何扮演好各種角色，比如爲人父、爲人母、爲人子女、

爲人子孫、公侯將相、販夫走卒、老闆、夥計，乃至現今道德觀底下的負面角色，全然包括。不同的角色，自有不同的言語、思維乃至價值判斷。甚至，各種不同的嘻笑怒罵，色身香味意識心至潛意識，都是要用心扮演與學習的。

當學習接近尾聲時，運氣好的，就可拿到大學文憑，戴上方帽子畢業了，下輩子再唸不同的科系，這是一般人。

有些人日以繼夜地學習，甚至雙主修，在大學畢業時立刻考上研究所，繼續碩士課程，在肉體大限之時拿到碩士學位，就是賢人，賢人就是菩薩果位，或是儒家裡的諸多先賢。有的人更是精進，在有限的歲月中，拚了個博士，那是聖人耶穌，或是佛的果位。這個階段，儘管主修某些學問，卻可觸類旁通，一呼百應，擁有身爲眞正博士的超級智慧。

聖賢也可倒駕慈航，在眾生迫切需要時回來指點引導一番。

伴讀書僮，也是主角

那麼身爲狗貓，又是如何呢？

從因果輪迴的角度看，狗貓屬畜生道，感覺有些低下。略知佛道一二的人，普遍持此觀點，實際上，這等輕忽是令人婉惜的。因果輪迴是眞，再套上我那拿著腳本來上學的說法，對於身處第三個千禧年之始，人類性靈開始進化的時代，狗貓自有其催化的功能。

首先，狗貓的生命周期約爲十四、十五年吧，相較於現今人類的平均壽命七十好幾而言，只佔六、七分之一。也就是說，這趟上學的時間短了一大截。很像大學裡寒暑假的短期班，短短一兩個月密集的學習就可修完一門課拿到學分，畢業或是結業。所以，正在上學的我們，身邊相伴的狗貓，其實正是伴讀的書僮。

伴讀正是牠們出現的理由之一，牠們的腳本，比起人類的腳本更爲簡略。而牠們

要如何扮演，則需要我們來協助，比如提供舞台、道具，甚至提供食宿，總之，就是要給牠們表現的機會。牠們在我們旁邊表演，常常會有許多令人驚艷之舉，這會使得我們的表現更靈活、出色。

從人的立場看，我們是主角，牠們是配角。換成牠們的角度時，牠們是主角，我們則是配角。

一人不成戲，演獨角戲就只是個人的表演。生命的舞台，沒有人可以演獨角戲的，因爲獨角戲無法讓角色充分發揮，倒不如不演。所以，在這種互爲主、配角的舞台上，彼此必須要有十分良好的互動。而這種良好的互動，必然有些奇妙的因緣存在。

我們是被牠們挑選的，因爲從千百累世以來，我們一定曾經有過相處，也許是家人、親戚、師徒，或者只是一面之緣，一飯之恩。

因緣既然成熟，是彌足珍貴的，可能在我們修習的腳本裡多添幾項科目，以幫助

我們提早拿到博士學位。

從一而終的陪伴

如果你體認到這趟人生之旅是來修行進化的，那麼同伴動物們就是你的共修，如同你周邊的父母、師徒、兒女、親朋，都是共修。

你得輕輕地彎下腰，放下身段，從你對牠們粗淺的瞭解開始，例如狗的單純、忠貞、守護家人、不畏生死、始終如一的服從、禦強濟弱。而貓呢，牠們喜歡在高處看世界，隨時保持身體的整潔，以含蓄的方式來表達牠的關愛，輕輕鬆鬆過著每一分每一秒。從牠們的高度來看這個世界，你會驚訝於視野的不同，牠會教你知曉如何多面向的思維。牠們的不離不棄，會讓你在上帝面前的誓言成眞。

其實，狗貓與我們的關係，非常像保守的婚姻觀，也許跟不上時代，也許讓人沈

悶，但是在社會道德的角度來看，至少不會製造太多的社會問題，而且就修行的角度來看，從一而終地修習完你的選擇，拿到學分，就不必重修。所以，你曾經在上帝的面前發誓要照顧你的伴侶一輩子，不離不棄，終究一生，你完成了承諾。

而在牠們的角度來看，牠們選擇了我們，就像在上帝面前發誓一樣的審愼、堅定。牠們完全沒有分手，分居乃至離婚的念頭。牠們無怨無悔地討好你，並不只是因爲你是牠們唯一的家人、食物供應者、遮風避雨的庇護所，牠們也視你爲牠的兒女與寵物。尤其是狗，總是直接表達牠的想法，當然牠也有內心世界，包括憂慮、企盼，這就有待人類靜心地去探索、瞭解。而貓的從從容容，是否也在提醒你，放慢生活的步調，檢視你已擁有的一切、每一個呼氣、每一個吸氣。

如果你都願意對牠們這麼好，是不是你也願意把這份好擴展到他人身上呢？

加分扣分的哲學

人往高處爬，水往低處流。這是最簡單的物理現象，完全不知物理學爲何的販夫走卒，想都不用想也知道。

好道理，不必花腦筋想。向上提昇，正向進化，自古以來，一直就這麼進行著，從來不曾停歇過。即使是陪公子讀書的伴讀童子，同樣也在長智慧。加分扣分的道理正出自：當我們有那麼一天要去見閻王爺，這一生的功功過過，加加減減，就決定了下一輩子。

其實，眞相倒不那麼狹小。既是伴讀，也是共修，所謂水漲船高，一人得道，雞犬升天。眞正的修行，絕對不只是爲了一己之私。

許多複雜的眞相，都在最簡單的道理中。

狗貓的腳本中都記載了一個簡單的宗旨，就是來幫助人類向上提昇。因此，西方人常常感動地當牠們是天使，牠們就是這麼樂意無私地來幫助我們。

眞善美是這個宇宙的光明面，成住壞空，則是不變的定律。牠們本身就存在著諸多眞善美的不同面向，等待著有緣人慢慢去發掘。同時，牠們以十來年的有限時光，完整地展現成住壞空這個不變定律的實相，尤其是壞與空這兩個階段。因爲，並不是每個人都有機會親身感受親朋長輩如何爲病痛、衰老所苦，乃至於突然失去他們的死別之苦。

眞善美是感覺，讓人心生愉悅，這些愉悅不是在道德、禮教的規範之下才產生的。就像許多受人尊崇畫家、藝術家、音樂家、指揮家，他們的傑作觸動了多少心靈。許多樂曲，唱頌至今，令人陶醉。這些人的私生活，或有諸多隱晦不堪，我們在愉悅之餘，含糊地以風流韻事來包容，甚至以公私分開來看待，把道德、禮教全擺到一旁。

拋開禮教，向牠們討教

我們面對狗貓的情緒，往往也這麼複雜。牠們眞心誠意與我們相處，我們也滿懷歡愉，心底卻還有禮教束縛所產生的陰影，例如長輩常常會叨唸一些年輕人不結婚、不生小孩，就只知道養狗養貓。他們以傳統的禮教，給實踐另類生活型態的族群扣上大帽子。如今，這些傳統禮教已經過時，地球的資源無法再承受更多的人類。也許，不要再增加人口數量，才是人類對地球最卑微的貢獻。

禮教的形成，原本是要來維持社會結構的安定，用來處理紛亂。只是從前紛亂的年代還沒有環保、生態、資訊科技等等複雜因子的介入，當然也沒有進化的觀念，更

沒有共修的想法。

我們現在以覺醒的意識，以進化中的智慧來回溯動物自古以來的存在，就會知道牠們活得實在很辛苦。

發乎情止乎禮的我們，始終躲在禮教的大傘下，不但忘了牠們的存在，也常常給予負面的暗示，例如豬狗不如等罵人的話，這句話，先把豬狗列爲最低等的畜牲，就因爲牠們不懂人類的禮教，然後被罵的人擺在牠們的後面，意思就是：牠們無知，你卻比牠們還差。

在所有的人、事、物都進化的同時，傳統的禮教也必須與時俱進，不可單以人本爲基礎。人類站在地球上仰望宇宙，所能看到的世界是有限的。天文學家不斷探索地球、太陽系，乃至銀河系以外的無限空間，物理學家則努力尋找那非常細小的粒子，以此來推算宇宙的起源。宗教的修行者，則努力探索內心世界。這個現存的世界，已

經遠遠超乎傳統禮教所能理解與規範。人類應該掀開罩頂的有限知識，探頭嗅嗅外頭無限寬廣的世界，同時在我們的內心世界挪出一個小空間，讓狗貓進來，讓牠們來協助我們，瞭解一些十分基礎的原理，那就是生命進化時，存在著加分或扣分的法則。

傳說中，有一天，顏回在街上碰到一個人，那人說八乘三是二十三。顏回立刻糾正他是二十四。雙方爭論不休，結果，顏回說：「如果八乘三是二十三，我頭頂上的帽子就給你。」那個人更絕，竟回答：「如果八乘三是二十四，我的一條命就給你。」於是他們去找老師孔夫子。孔夫子抬起頭來看看他們兩人，緩緩說道：「八乘三是二十三。」

顏回十分氣餒，怪老師沒說眞話。

孔夫子回答道：「如果你輸了，不過是輸了一頂帽子，如果他輸了，那可是輸掉一條人命哩！」

在佛經裡，也曾提到過類似的故事。明明甲是對的，乙卻不講理地開口就罵。甲爲了不讓乙造太多口業，立刻道歉，好讓乙住口，不再造口業。

停止說話，就少造了許多口業。

加分或扣分，需要磨合期

在我們的傳統裡，孝道第一。只是，我們所熟知的孝順，常常只是順而已，並沒有眞正的孝。眞心的孝是勿陷父母於不義，這才能爲我們的父母加分，或者，至少不被扣分。然而，我們常常會碰到沒有什麼智慧的父母，這時該孝還是順，令人兩難。

如果，父母沒什麼智慧，至少還是可以講理的，那麼盡孝之道就是心平氣和地跟他們說清楚，而不是悶不吭聲地讓他們做些糊塗事，講些糊塗話。

但是，如果父母既沒智慧又不講理。這時，順是唯一的辦法，因爲順了他們的意，至少，他們會停止說話。也就是，如果我們沒法替對方加分，至少，不要讓他被扣分。

用在動物身上，如果因爲牠們，我們不自在、鬧離婚，甚至頂撞父母，不好好上班、過日子，甚至不吃不喝、不想活了，那麼牠們是會被扣分的，因爲，牠們幫了倒忙。所以，如果因爲我們的無知，使得牠們含冤莫白，那麼牠們就會被扣分。反過來，如果因爲我們的智慧，使得牠們的輔助發揮了功效，牠們才會被加分。

既然，牠們是伴讀，是共修，是純然奉獻的角色。那麼，我們更應該設法讓牠們能夠加分。所謂加分，就是讓牠們可以全然發揮，之後，讓牠們在純淨的貢獻中得到安慰，讓牠們知道，牠們無私的付出，已經被知曉，也將得到感恩的回報。

加分與扣分，是段很長的磨合。乍聽之下，你大概還弄不清楚，到底誰加分誰扣分。這段磨合的過程，我們一定要練習遠眺到這段生命的最終點，也就是總結帳的時

候，我們回顧這一生，希望是加分的多，扣分的少，結果是正分。

如果動物終其一生，沒法子讓主人多加分少扣分，牠也會在夕陽西下的時刻，想盡法子讓主人們不被扣分，於是，我常常就得做些順水推舟的事，設法讓雙方都能兩全其美。

因緣成熟，圓滿加分

有一天，旅居美國的張先生夫婦帶了兩張X光片來找我。

十六歲的老狗布先生，生病了。X光片上，很明顯地，牠的胸腔長了惡形惡狀的癌症腫塊。再一次證實牠得了癌症，讓張太太難過得泣不成聲。

就在這十分爲難的時刻，我吸口氣，長長地慢慢地吐出來，我知道如何替牠也替張先生夫婦來加分。

我告訴他們，往後，不論如何，一定要告訴我老布的結局，而且我要檢視牠的骨灰。

布先生是一隻十分高傲的老狗，家裡有些體型比牠大的狗，都十分順服牠。張太太甚至偶有吃醋的抱怨，誰都請不動張老爺，只有這個布先生可以讓老爺子乖乖去伺候牠。其實，抱怨不是眞的，只是有一丁點的酸溜溜。之後，儘管癌症沒有消失，布先生在大量的美國仙丹輔助下，卻也過了段不錯的日子。

終於，布老先生，走了。

之前，我就大膽告訴他們，牠有舍利子。我沒見過布先生，只是見過牠的X光片。舍利子如何產生，是個很大的賭注。

我順著感覺走，也順著布先生的期望走。我將牠的骨灰攤開來，戴上老花眼鏡，拿著鑷子，慢慢地找。果然，堅硬如鑽的一些結晶，像瑪瑙，又像琉璃的許多白白綠

綠的小顆粒，黏在骨頭上。骨頭輕輕一捏就碎，這些結晶卻擲地有聲，落到不銹鋼的診療台上，發出清脆的金屬聲。

我就知道，這是個圓滿的工作——老布的許多舍利子、舍利花，讓張先生夫婦破泣微笑。

所謂大圓滿，就是讓因緣十分巧妙地成熟。往生，常常是主人們最無法接受的時刻。然而，該來就來，該去就去。

張太太替布老先生做了許多煙供，一心一意希望牠能離苦得樂。其實，牠早已把苦樂拋諸腦後。牠只希望，這一辭別，沒有哭泣，沒有悲傷，沒有不捨，沒有不甘。牠希望主人不再牽掛牠，還要繼續精進。於是牠給主人加分，當然自己也加分。因爲，主人對牠的離去，充滿了無限的感恩與祝福。

祝福是法力無邊的，祝福可以使離情轉化出燦爛的七彩虹光。

當你在修行的同時，一定要記得把牠們叫來一起共誦。要跟牠們說，不會唱沒關係，跟著打拍子也行。

事後，張先生夫婦送了我心經的鎮紙，看了就充滿喜悅，又送了我許多老古董的狗年年曆，看得出來，他們已走出傷痛，很積極地爲自己、也爲眾生加分。

廣結善緣

如同所有的動物一般，狗貓來到這個世界，就是要來廣結善緣的。

上一章，我闡述了加分與扣分的道理，這一章，我想在諸多基本教義派的枷鎖中，找到一泉活水。

狗貓位於畜牲道，是墜落的結果，以世俗的角度來看是不值得同情的，對於篤信因果的人而言，是一種警惕。也許，前世口無遮攔，今生無法開口說話，無法清楚表達自己的想法、感受。也許上輩子受人之恩，無以回報，這輩子化身爲狗，替我們看家，當保全來報恩。也許上輩子曾經開車壓狗貓，這輩子成爲狗貓而被撞死。

其實這些想法十分狹隘，隨著時空的轉換，必須修正、進化。

先談報仇吧。

我有個遠房親戚，有一天在浴室裡突然跌了一跤，從此中風，無法言語與行動。他學佛多年，爲人憨直，是個殷實的老農，書讀得不多，情義卻非常深厚。他中風之後家人去找他的師父問究竟。師父說，他在前世殺了一頭牛，從牠的腦脊椎交界處的大椎穴砍了下去，牛死得不甘不願，盯著他許多年。終於逮到機會，趁他不留神，也在他的大椎穴砍了下去，使得他從此中風。

家母去探望他，他勉強蹦出一句：「老實唸佛。」他的師父與同修非常盡心地替他做了許多法會。

以世俗的法律來看，殺人償命、天經地義。只是，法律不過就是人訂的，劃出許多警戒線，告諸天下人，不可越雷池一步。

一天，他往生了，據他的兒子說，燒出了一百零八顆舍利子。

如果，含冤相報屬實，那舍利子從何而來？原來，那頭牛表面上是來報仇的，實際上卻是他智慧精進的推手。牠根本無怨無悔，只是借著一段宿業，使得他雖然身受奇苦，心志卻因此更加堅定，從此一心一意懺悔，一心一意守著心口意。結果，以舍利子來表達，他超脫了。

如果以狹隘的基本教義派來解釋，他的中風正是果報，然而正因爲這個果報，他得到大成就。

希望這個故事，有助於死守基本教義派的人開點智慧。沒錯，他的中風正是冤冤相報的結果，如果他當時探知了其因，從此自我放棄，自艾自怨，恐怕舍利子就不會出現了，正因爲他全然瞭解這段因果，他下定決心要跳出這個輪迴。這份堅定的覺悟，對於靠輪椅過日子的重症病人而言，實在不容易。他從果報中，開啓了善因。

以身爲教，最佳啓發

我們從動物這些果報，也許可以探知許多的因。然而，過去的因已經無法改變，不如將這一世的果，轉化成好的因來重新開始。

這是給對基本教義派不甚熟悉的眾多匹夫匹婦們，最簡單的提醒：過往諸因不可考，當下未來猶可追。我建議讀者，不妨對今世曾經給予動物痛苦的過往，誠心地懺悔，放下屠刀，重新珍視動物保有宇宙智慧的眞實面。

動物，尤其是狗貓拿的腳本裡，千篇一律的有四個字：廣結善緣。而且，透過的不是語言文字，而是直指本性。只是這個本性，一直被誤解成獸性。

獸性就獸性吧！在藏傳佛教裡，魔也上舞台的，牛鈴大眼，十分嚇人，卻要人們逼視牠。這些魔不在外，卻潛沈在人的心底。勇敢面對這些心魔，接受它、瞭解它、處理它、放下它，魔就消失了。

所謂結善緣，就是結那開智慧的增上緣，跟恩怨情仇是不相干的。基本教義派這麼認爲也無礙，至少，具有醒世的教化功能。

所謂的善緣，就是不斷增長智慧，可以加分的因緣。

即便一隻窮凶惡極、常常搗蛋、破壞、咬傷人畜的狗，也是個善緣，就像達賴喇嘛常常說的：你要謝謝你的敵人。牠們不斷顯示我們過往在內心裡存在的種種惡魔，也許不曾眞正地製造傷害，卻曾經不斷攪動你那平靜的內心世界，讓你在午夜夢醒時不停地戰慄而冒冷汗，牠們的極惡相讓你猛然覺醒。於是你開始反省，你會想到牠們爲何如此不受教，原來我們從來不曾設身處地站在牠們的角度想，牠們被曲解，被無情的鐵鍊、堅固又狹窄的欄柵圈限。如果是個正常人，恐怕早已瘋狂，牠們卻只是怒吼，這是非常難能可貴的。一旦我們深刻領悟了牠們的敵意，接著就反省，不再生氣、不造業，反而生出悲憫心，於是，牠讓你得以加分，牠當然也加分了。

牠們結善緣的方式，並不是只有做牛做馬地伺候人類而已，牠們具有做爲一個生命體該有的基本素質，這些素質，眞是大智慧。

狗本身蘊藏的是無私、奉獻、寬容、忠誠、活力，永遠的年輕，以及知命。這每一項都是人類透過宗教、教育才可能塑造出來的。即使人人要具備這些素質，卻又常常因爲利害、衝突，或是心緒不佳而忘了。

狗不必人類提醒，也沒有父母教，卻在遺傳基因中世世代代相傳了其優良素質。

貓是生活的藝術家，牠就是知道如何悠閒地過日子。得以悠閒的最大原因是，牠要的不多，簡直可謂清心寡慾。牠不奢想當獅子老虎，只想在吃飽飯後就找個地方理理毛，把全身舔乾淨，然後好好打盹。睡飽了，飛簷走壁，逗逗花鳥，跟同類唱唱歌，這邊跑跑，那邊跳跳。

狗貓給人類的許多啓發，全是身教，這是最大的善緣。

貓狗的相處之道

其次的善緣，就是提醒人類，物種儘管不斷地相互競爭，卻是良性的，而不是互相殘殺。

許多狗喜歡追貓，人們以爲牠是要欺凌弱小。不然。狗是很羨慕貓的，羨慕牠們可以爬到那麼高的地方，因爲爬得越高，看到的世界就越寬廣。牠每次想跟貓討教，性子急了點，邊吼邊跑地衝上去，讓人誤以爲牠要去傷害貓。其實，牠們只是很心急地想要追問：千古以來，何以你們可以飛簷走壁，而身爲狗兒的我們，再怎麼努力跳躍，始終跨不過圍牆，上不了屋頂？我完全不討厭你們，我只是不解與嫉妒……

狗也很愛貓的，尤其是弱小、受傷的貓。牠的江湖道義感使牠們常常用自認的好辦法來幫助貓類。

我碰過許多救貓的狗天使，巴弟就是一例。

照例，主人會在晚上帶巴弟蹓躂。一天，牠突然使勁掙脫，跳過圍牆叼了一隻小貓出來，主人嚇壞了，趕緊搶了下來，哭哭啼啼地捧著小貓來找我。時值寒冬，我仔細檢視小貓，全身都是黏涎答答的口水，沒有任何外傷，只有大量的內出血。如果巴弟要咬死牠，根本是輕而易舉。然而巴弟沒這麼做，反而溫柔地舔牠。牠認爲舔牠可以救活牠，卻不知道，在寒冬裡，這樣做會讓牠更快失溫。

在我替小貓檢查時，巴弟十分焦急卻又非常壓抑地坐在我腳邊，很急切地看著我。此後，每次牠和主人散步回來一定要進來我的診所，然後就坐在貓的籠子外，靜靜看著小貓跳上跳下地嬉戲，就好像媽媽看著小孩在遊樂場裡玩耍。

後來小貓沒活下來。但巴弟每次進來還是一樣，急急走到空籠子邊四處張望，聞聞嗅嗅，然後垂著尾巴，倖倖然走開。

同伴動物的示警法

還有一個故事，也在我之前的書裡提過。

在基隆山上，有個失意的父親成天酗酒，栓在大門旁邊樹下的狗不時對他咆哮。一回他火氣一上來，將狗載到一小時路程之外的山上丟掉。一星期後，狗回來了。過幾天，他又把牠丟到更遠的地方，沒多久，牠還是設法回來。

後來，他把牠載到中部的山邊，將牠栓在樹下，心想，這樣你回不來了吧。未料，個把月後的某個清晨，他推開家門，驚恐地看到老狗血淋淋地撞死在圍牆下，還沒回神，看見管區警察急急忙忙走來，說他唸國中的兒子，剛剛在山下路口被車撞了，傷勢很重。

如果老狗還活著，也許他的兒子就不會出意外，說不定他們出門前跟老狗玩一下，就會晚一點點出門，整個遭遇就會完全不同。

當然，絕大多數人仍然會用「善有善報，惡有惡報」的心態來看這個事件，我倒寧願從狗的角度來解讀，這隻老狗可能早已嗅出有異樣，牠想警示，卻苦無方法，反而被拳打腳踢，甚至被放逐，不得已之下，只好以身相殉，提出最後的警告。如果主人的小孩發現了，爲了告知父母，可能略爲耽擱，整個悲劇或許就不會發生，只是老狗的警訊終究晚了一步……。

細心體察，結善緣

近年來，常看到報紙刊載舉家爲了躲債而燒炭自殺或是一氧化碳中毒的悲劇新聞，其實這類悲劇發生時，如果當事人是帶著狗貓逃生的，就會是截然不同的結局。

前文曾提到，疼愛狗貓的人常常會被世俗的眼光批評，認爲他們把心力全放在小畜牲的身上實在不像樣。然而，從另一個角度想，這些人因爲心有所繫，心情苦悶

時，可以抱抱狗貓，盡情傾訴，情緒得以緩和，極端的念頭也許就不至於出現。即便在外，因爲身心俱疲有了輕生念頭，很可能是放心不下家裡的小寶貝，自殘的想法因而逐漸消失。至於在火災或天災突然發生時，這些同伴動物會憑諸天生本能提早示警，以刺激人們激發出非常強烈的求生慾望，讓悲劇得以緩和許多。

我們喜歡用福氣的有無來評量這些悲劇或喜劇的發生，然而從狗貓的角度，牠們不知福爲何物，牠們只知道，就是要善盡本分，結善緣。

二〇〇五年十一月，法國人伊莎貝・狄諾赫（Isabelle Dinoire）成爲全球首位局部換臉成功的病患。手術後兩個月，她首度公開亮相，描述她因爲被一條拉不拉多犬咬傷而毀容的恐怖經驗。當所有目光焦點都在這項成功移植手術上時，幾乎沒有人注意到成爲眾矢之的的拉不拉多犬是爲了什麼原因咬傷了狄諾赫。據悉，狄諾赫七歲的女兒曾表示，同年五月母親服安眠藥自殺，狗是爲了叫醒她才用力咬她的臉，不意卻

導致她嚴重毀容。

我試著重建現場：這隻始終沒有露臉的狗，據說是隻訓練有素的工作犬。有許許多多的工作犬，被訓練來協助身心有恙的人類，包括大家所熟知的導盲犬，以及協助有癲癇、糖尿病等等病患的犬隻，牠們靠那靈敏度爲人類六百萬倍的嗅覺，在主人要發病之前示警，甚至會把主人推到門窗邊，讓外人可以看見，然後向外求援。據聞狄諾赫患有癲癇或糖尿病的宿疾，她服藥自殺昏倒在地，狗來不及將她推到門窗邊，只好用牠唯一想得到的方式——舔咬，好弄醒主人，同時哀嚎引起外人的注意。結果前來的人們誤以爲狗兒正在傷害主人。主人被送進醫院急救，警方認定是狗傷了主人而將牠處以安樂死⋯⋯。

狗貓喜歡廣結善緣，也想盡本分做善事，身爲共修的我們必須細心體察，才得以讓牠們好好發揮。

性本事

談到性，年輕人眼睛一亮，中年人微笑，老年人傻笑，至於小朋友則是打鬧嬉笑。

從字面上來看，左邊一個「心」右邊一個「生」，意思是由心生出來的。心是念頭，是思考，或者就是腦袋瓜子，搭配其他字各有深意，例如懶是「心想要賴」，忙是「沒了心思」，怯是「心裡不想去」，怕則是「心中一片空白，不知如何是好」……有心字邊的字，幾乎都落在左，眞是高明——一般人及絕大多數的動物，心臟都位居偏左。

「性」由心生，腦袋在控管，荷爾蒙也是要角，多了，性就會被想、被做的多了。沒了荷爾蒙，已經閹了的太監，還是想搞鬼，那就是腦袋在作怪了，無怪乎人類

的性，除了繁衍後代，也惹事生非。

繁衍子孫是動物的唯一心事，牠們的性沒有人類的複雜，而是很單純地跟著大地四時運轉，誠如生來仰賴直覺趨吉避凶，氣候環境適合繁殖了，牠們自然地就開始想「性」事。話說遠古的人類同樣也擁有直覺的天賦，在人煙稀少時代，人與人的摩擦少，只要躲過天災，完全不必擔心人禍。

漸漸地，人類的數量增多了，爲了生存，衝突難免。人類於是要把心力轉移去面對諸多的衝突，人與人生活空間的衝突，人與大自然的衝突，此外人類開始習慣有電的便利生活，電力因此支撐起整個文明，也產生許許多多有害的雜訊，嚴重干擾了平靜而自然運作的腦波。這些腦波在不被干擾之下，會與大自然的種種磁波契合。一旦電波產生的雜訊介入，造成極大而不正常的腦波運作，影響了宇宙間原本磁波的平衡，當然也就嚴重干擾了地球之母。

三十年前，英國環境科學家洛夫洛克（James Lovelock）率先提出地球應被視作一個生物體，擁有一自我控制系統，可讓整個環境適合萬物居住，他將此系統稱爲蓋婭（Gaia，也就是大地之母）。絕大多數人並不知道蓋婭這個名詞，卻也萬流歸宗似地有相同的體悟。悟就是「心中的我」，或者簡稱爲「我的心」。總之，在地球的各個角落，不約而同的，人們有了相同的想法，而形成了寶瓶同謀【編註】時代，就是要保護地球之母，這就是人類共同意識要開始進化的啓動。

當貓狗愛愛時

人類常口頭說「大地之母」，然而眞正感懷在心的，除了保育人士、靈修人士，一般人恐怕從來沒有感覺。反觀狗貓與大地之母的連結之深，可從牠們沒事就趴在地上打盹看出來——全身與地面黏貼，一些輕微的震動、氣味的改變、氣流、聲波的大小遠近，乃至磁場的變化，牠們都會隨時察覺，說得直接，畢竟當牠們繁殖後代時，是大地之母提供了食物與演化的機會。

動物的性，通常是雌性主動，周期間隔比人類長，狗是一年兩個周期。周期開始時，會散發費洛蒙與血腥的味道，來招引雄性的注意。母狗發情約持續兩周，接近尾聲時才排卵，主動去尋找精蟲。也只有這時候才接納公狗，大約兩三天。此外的時間，牠是完全不給公狗碰的，因爲碰了也沒用。

公狗純屬精蟲供應者，跟人類相似，滿了就會流掉。流出來的過程應該蠻舒服的，這時，牠們會找東西來磨蹭主人的腿或玩具、布料等等，或是比牠弱小的其他動物，好將滿格的精液排放掉。

騎在別的狗身上，不一定是交配動作，也可能是雄性權威的展現。母狗也會有這種動作，例如卵巢激素失調時，就會騎到別的狗身上。

母狗接受公狗，常常是迫不得已，因爲很痛，毫無快感可言。公狗的陰莖中段有個球體突起，興奮時會脹得很大，目的就是用來卡在陰道裡，以確保精液不會漏掉。只是當陰莖插入之後的一分半鐘已射精完畢，卻要整根消退了才能脫身，這過程得花二、三十分鐘，所以讀者如果看到街頭野外，兩隻狗的屁股黏在一起，可憐可憐牠們吧，一定很難受，因爲也有人爲此去掛急診的。

貓的周期在寒帶溫帶大約一年兩次，到了亞熱帶的台灣，常常是三至四次，甚至一個月兩次。母貓只要一接觸公貓就開始排卵，公貓的陰莖非常小，大約四公分，平時縮在包皮裡，外觀上是看不見的，別以爲老虎獅子那麼大塊頭，只要是貓科動物都是這個長相，而且都是快槍俠。

狗隨體型大小長短，產子數可從十來隻到一兩隻；母狗有十個乳房，在懷孕後期就開始脹奶。貓的體型差不多在四公斤上下，雖然也有十個乳房，常常只有四、五個會膨脹，因而產子數也都在四個上下。

狗貓的懷孕期大約兩個月，小狗小貓一個月大斷奶，兩個月大可以離開媽媽。當然越晚越好，這樣牠們就可以跟著媽媽成長，學到更多的東西，因爲媽媽教導永遠比人類好，都是牠們身爲狗貓必須會的生活技巧。

現在的寵物市場常常把剛滿月左右的小狗拿出來賣，這些完全沒有經歷狗世界的社會化過程、隨著人類長大的狗，常常不知道自己是隻狗，加上如果又是被捧在手掌心養大的，與屋子外的世界完全隔絕，以至於狗不像狗，甚至沾惹上人的一些陋習，狗仗人勢而討厭其他的狗，這種情形同樣會發生在許許多多母奶沒有吃足、就被迫與母貓分離，或是被惡意丟棄的流浪幼貓身上。

順其「自然」最重要

狗貓並不喜歡性，對於懷孕生子反而十分焦慮，雖說是天職，卻沒有三姑六婆可以給予指導協助，一切都得自己來，甚至還得進行「適者生存」的篩選工作。不夠強壯的，母狗母貓會放棄牠們，以便節省奶水。即使經過篩選了，奶水仍會越來越不足，因爲小狗小貓長得很快，越大吸得越多。

此外，貓狗很焦慮緊張，這是源於遠古記憶，那時的牠們除了餵奶，也得離巢去覓食，幼犬幼貓很容易被別的野獸叼走，所以母狗母貓有時會有非常強烈的護子行爲，甚至連主人也防，更不用說家裡的其他動物。

在戶外生產的母狗母貓，天天緊張兮兮的。一旦巢穴被發現，或者嗅出危險的訊息，就開始搬家。然而一次只能叼一隻，藏好了，再緊張兮兮地趕回來。有時候，小狗小貓餓了找不到媽媽，跌跌撞撞爬出來，被有愛心的人們發現，誤以爲是被拋棄的

流浪狗流浪貓，而撿了回家，母狗、母貓回來找不到，只好認了。

每次碰到人們主動撿拾小棄貓，我就忍不住想大聲呼籲，我們直覺不忍心，很可能破壞了自然生態的運行，這裡頭是大有學問的。

泌乳期的母貓，爲了有足夠的奶水必須出外覓食，以致無法全天候守著小貓。這時，如果小貓正好被人撿走了，或者好心人只是單純用手把牠們抱起來，擺到安全的地方。等母貓回來找到牠們，在牠們身上聞到人類的異味就會斷定不是自己的小孩，也就不要牠們了。

生長在戶外的母貓沒有打過任何預防針，加上奶水有限，必須嚴格篩選，只要覺得不易養活、可能有先天疾病的，甚或沾惹了人類異味的，牠們就會棄養。

小狗小貓逐漸長大了，必須離開去自立，否則留在家裡就會爲食物競爭，同時難保不會亂倫。動物自知不可亂倫，可是沒得選擇時，只好將就。血源太近的結果，許

多劣質的基因就會佔上風，一些遺傳性疾病就會不斷出現。反觀有些人類就是要反自然之道而行，特意培育出許多非常可愛、「血統」很純的小狗小貓，好高價出售。爲了保持血統純正，只好近親繁殖。血統越純，基因庫就越小，基因庫小，遺傳上可以做的選擇就少了。許多比較差的基因，因而無從淘汰。這種被迫式的演化，就是退化，接下來就是等著消失。演化的過程受到太多的人爲干預，結果必定不是好事。

性是演化的必要手段，卻必須十分自然。

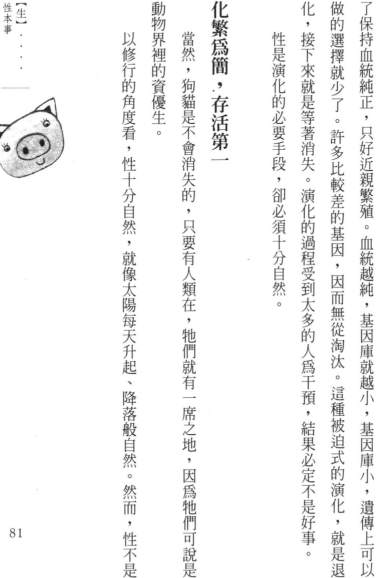

化繁爲簡，存活第一

當然，狗貓是不會消失的，只要有人類在，牠們就有一席之地，因爲牠們可說是動物界裡的資優生。

以修行的角度看，性十分自然，就像太陽每天升起、降落般自然。然而，性不是靈性提昇的全部，只是生命中的一小部分，由心而生起，同樣地也會隨著心而降落。起起落落，本來就是大自然的定律。

許多動物少了性的煩惱，反而活得更快活自在，可以在其他方面好好發揮。因而，我們看到許多狗成爲工作犬、輔助犬，來塡補人類才幹無法到達的缺口。所有的工作犬、輔助犬都得先行絕育手術，否則服勤時就無法專心，當然也就不能稱職。

讀者如果觀賞「動物星球頻道」，一定會看到許多具有特異功能的狗兒，會當導遊、會嗅炸彈、會嗅出油氣管路哪兒有漏洞、會找出有病的蜜蜂幼蟲、會嗅出已經腐朽的電線桿。壞消息就是，你永遠找不到這些優秀犬的後代，因爲牠們早已結紮了。

即使你的同伴動物沒有上述這些「特異功能」，牠還是會有特殊貢獻的。

曾經有個主人告訴過我這麼一段故事：她有憂鬱症，常常想自殺，每每就蹲在圍牆上，很衝動地想往下跳。她的狗就會守在那，很鎮定地看著她，伸出前腳輕輕拍拍

她。她，投降了，跳下來，抱著狗兒哭，還頻頻道歉。

狗沒有複雜的思維，不容易被人類情緒的起伏波動所左右。當人們失心狂亂的時候，牠一點也不慌亂，牠可能無法救贖，卻會善盡本分，而這裡頭還有個重要的生物因素：「如果主人死了，那我的食物就沒了！」牠們化繁爲簡，一切以活下來爲最優先，沒有比活著還重要了。人類常常會用複雜而扭曲的思維來認定牠們這些簡單判斷的低下，讀者如你或許不解：食物眞那麼重要嗎？沒錯，釋迦摩尼佛尚未證道時，也曾經學古印度修行者絕食苦修，結果弄得身如槁木，枯枯乾乾的，結果祂媽媽自天上下來告誡祂，沒有身體又如何繼續修行。當下，釋迦摩尼領悟而喝了牧羊女奉上的乳糜。這是日本本願寺所發行的卡通「佛典物語」中所提到的。如果，二千五百多年前，祂繼續地走上絕路，今天的世界可能更是頹唐而無望。

所以，除了性以外，狗貓的本事可多咧。

【編註】出自瑪麗琳·弗格森（Marilyn Feguson）所寫的一篇社論〈無以名之的運動〉。她提到這個時代的精神又實際又超越，重視啓蒙、權力、依賴，也重視神祕、謙卑、個人主義。這種精神表現出來的特性是，凡是運作流暢的組織，都不再製造階級，也反對教條。弗格森女士認爲這股人心所趨的心靈變革運動，可說是一種同謀（conspiracy）。爲了彰顯這種親密結合的本質，她用了「寶瓶的」（aquarian）這個字來形容，期待在黑暗、暴戾的雙魚時代之後，是一個盈滿、祥和的寶瓶時代的來臨。

老

就像登山客，辛辛苦苦攻頂了
欣賞壯闊山景後，
只有往下走一條路。
生命也是如此，精采或平凡一生，
身體總有使用年限，用久了就鏽了鈍了，
遲早會慢慢被淘汰。
貓狗的年齡約是人類的七分之一，
換算下來，到了八歲左右，正是人類的壯年期，
此後，就開始走下坡路段，
而這時的牠們最是需要你我的協助。

上山下山說

爬山的人，到了山頂就得開始下山。因爲，山頂不是家，無法久留。

每個人都得回家，金窩、銀窩，不如自己的狗窩。回到家，你才是你，沒有武裝，沒有虛僞，只有自由自在。

生命就是這樣，從老家出發去爬山。最後，筋疲力盡地回家，背囊裝了一堆待洗衣物，相機裡裝了無數美景，腦袋裡則是無盡的回憶。

途中，你也許曾在山腰紮營避風雪過夜，但那只是一個暫時歇腿的窩，沿路上好幾個窩，卻都不如老家的那個狗窩。

人過中年，除了生活歷練與智慧是逐日累積之外，一切都開始走下坡，就如同爬山客登頂了就得下山。下山，離開秀麗山景的日出日落，翻騰的雲海，無聲無息的空寂，回到車水馬龍。

所謂上山容易下山難，下山之難，難在心境。心境太輕鬆了，可能就踏不穩，很容易一失足成千古恨。越到尾聲，越要小心謹愼，因爲愛爬山的人絕不會就爬這麼一次，一定會再爬下座山，爬到體力無法承受爲止。精於爬山的人，既使已經下山，依然小心翼翼，不願意因爲小小的疏忽而受傷。所以，下山了，就開始爲下一次的登山做準備。因爲，結束的那個點，正是重新開始的那個點。

人的一生就像在爬山，動物當然也一樣，其生命的終極目標，就是在山頂的逍遙。逍遙不是那麼艱難，也就在那麼一念之間。而眞正的慈悲心，就是讓生命，不論你我，不論何種有情眾生，都得以解脫，從此無限逍遙。當這個念頭起來時，你已成功一半，要記得：老化是必然的，肉體是有限的，生命卻可以無垠。

年紀大，機能自然衰退

狗貓在八個月到一歲之間就到達可以繁殖後代的時期，到了八歲左右，正是人類的壯年期，此後，就開始走下坡路段。

貓狗普遍容易犯的毛病就是關節的退化，而最常發生的部位就在脊椎。因爲牠們四腳著地，跑跳爬的時候牽動脊椎的相互碰撞。當脊椎之間的椎間盤開始鈣化而逐漸喪失鋼珠般的協調功能，硬化的椎間盤因爲擠壓而往上突，不容易回位，結果就壓迫到脊髓。脊髓是腦神經往下的延伸，受到擠壓而影響到腦脊髓液的循環受阻，於是漸漸喪失往下傳遞神經訊息的功能，接著往下肢體容易僵硬麻痺，而所管控的內臟運作也會受阻。

當椎間盤往上突出之後，兩個椎體更容易碰撞而受傷，這時身體會自動修補，就像磚塊破了一角而填補。可是一再碰撞填補，就會出現猶如玫瑰花的刺，稱之骨刺。

嚴重的時候，兩塊椎體之間會形成拱橋一般的骨刺，而且常常不只一處，越老會越多。許多忍功超強型的狗不會顯現痛楚，只是不願再跳躍、爬樓梯、走遠路。只在十分嚴重時，才出現後軀麻痺、便秘、小便困難等症狀。許多老狗夜裡漏尿就是這個原因，因爲牠沒有感覺到膀胱已滿，一翻身而擠壓，尿就被擠出來。

檢視小毛病，自有解決道

此外，狗貓對於身體的故障，當然會心驚，但卻跟絕大多數的人不一樣。許多人對於小毛病，尤其是牙齒方面，總是大而化之，不肯立即處理。然而，動物的態度與做法不同。牠們會檢視這個小毛病，設法處理。狗貓的肚子不舒服時，會設法去吃草，倒不是找有療效的草，而是藉著大量的植物纖維來刺激胃腸蠕動，結果可能是嘔吐，把不乾淨的食物吐出來，或者讓不易排出的糞便，一古腦兒排出去。就像人們喝醉了，很不舒服，會用手指挖喉頭來引吐，吐完了就舒服些。人類是直立的，比較不易嘔吐，然而狗貓的消化道平行於地面，嘔吐太容易了，有時候吐完了，睡個覺，醒來又好了。只是，嘔吐是很糟糕的事，因爲胃內容物是酸的，吐出來，很容易傷到食道、喉頭。唯一的例外是，狗貓在哺育小孩時，去外頭覓食回來，會把消化了一半的食物吐出來給幼兒吃，這種吐是母性的光輝，和病不可混爲一談。

牙結石與牙周病在狗貓裡十分普遍，這恐怕是牠們的宿命，因爲牠們的牙齒全是斧頭狀，斧頭的尖與尖無法對疊，當然會滑開。用人類牙科的標準來看，天底下所有的狗貓都是咬牙不正的。加上犬牙與大小臼齒容易互相摩擦，結果，摩擦面不易長結石，摩擦不到的那一面則非常容易。此外，狗貓不太容易同人類一樣天天刷牙，因此食用乾飼料是好的，就彷彿天天給牠用牙粉保健。乾飼料是將大豆、玉米、穀類等磨碎所製成，咬碎就成爲砂狀，順便可以摩擦牙齒表面，也就不容易殘留在牙縫之間。

至於人見人怕的癌症，其實就是某些細胞突然快速發育分裂，大量繁殖。它們原本是正常的細胞，唯一不同的是少了自殺基因，正常的細胞老了就會自毀，癌細胞卻不會自然死亡。所以病理醫師可以從切片中判定來自哪些器官、哪些組織。

狗貓罹患癌症的原理機制跟人類很像，但是結果與命運卻大不同。一方面因爲牠們的生命周期短，在癌症開始大肆破壞時，牠們很可能因爲肝腎心肺功能已經老化而準備跟我們道別。另一方面則是多胎的繁殖方式，基因的排列組合比較多樣，比較差的基因組合會受到人爲的干預而淘汰，或是透過母狗母貓在泌乳期的篩選而淘汰。

當牠們開始走下坡路

其實，同伴動物們並不怕走下坡，只是跟人類一樣有些挫折感，爲什麼從前爬樓梯不費勁，現在卻有些吃力；爲什麼從前，桌椅、床鋪沙發可以一躍而上，現在卻不行……這時的牠們最是需要你我的協助，我們必須在牠們回頭看著我們的時候，很清楚地捕捉到牠們的挫折感，隨手支援，不要習慣性地罵牠們偷懶，因爲牠們是眞的力不從心，牠們從來不曾有一絲絲偷懶的念頭。此外也因爲牠們完全不知道下座山在哪裡，我們必須幫助牠們，讓牠們知道如何修身養息，再開始去爬下一座充滿智慧的靈山。

這時，同伴動物們的身體機能開始變差。就像一部車，開了八、九年，儘管天天擦拭，外觀保持得十分亮麗，其內部的零件，如橡膠、電路、金屬都可能開始老化磨損，這些是肉眼無法從外觀上透視的。常常一進修車廠，鈔票就得大把大把地花。

狗老了，走路不再那麼快，上下樓梯開始吃力，有時會停在那望著你，希望你幫牠。從前，每當你回家，牠會高興地又叫又跳，這時，也許猛搖尾巴，鑽來鑽去地磨蹭你，或者仰躺了要你幫牠搔癢。

從前一躍就上床、上椅子，現在，多了預備動作，後退幾步，小助跑勉強跳上來。甚至想上床，前腳搭在床邊求助，因爲牠們再也跳不上去了；吃東西的速度慢了下來，硬的東西咬不太動；毛色會變，淺色變深，深色變淺，頭部變化最明顯。如果一直都有平衡而足夠的營養，全身的毛色還是會透著光澤。

慢慢地，睡眠的時間增長，聽覺也遲鈍了起來，視力慢慢變差。這種狀態跟退休多年的老人家很像，常常看電視，看著看著就開始打瞌睡。這種退化狀態，有點像在冬眠。因爲消化、吸收與免疫力都在退化，身體爲了維持運作，就會減少許多功能，甚至連警戒心都放緩了。

貓老了，跳上跳下的時候會變少了，有時會分段跳躍，譬如窗台、圍牆，從前是一躍而上，這時得墊個箱子；清理被毛的動作也減少了，越來越少走過來撒嬌。至於睡眠時間，差別不大，因爲貓本來就很會修身養性，常常睡得很沈。

我們不妨逆向思考，視覺模糊了，眼不見爲淨呀。就像有了老花眼，看近不成，看遠很清楚，也可以想成，嗯，越來越有遠見了；聽覺差了，耳根可保持清靜哩。

老人家很怕被人說老，因爲那彷彿是米蟲，沒什麼用處的代名詞。所以，儘量不要有事沒事看著自己的狗貓說：你老了。我們總以爲牠們聽不懂，其實，牠們也許聽不懂閒言閒語，卻可以用嗅覺來感覺。

人類的喜怒哀樂會散發不同的味道，同伴動物們十分有經驗，甚至不需以音調的變化來判斷。別忘了，狗貓是靠嗅覺來過日子的。牠的嗅覺永遠不會退化。最簡單的例子就是，每當你開門進來，年輕時，牠們會先吠，然後湊過來嗅半天，確定是你。老了以後，牠依舊沈睡而不來應門，當你輕輕地撫摸牠把牠吵醒時，牠會猛然抬頭，聞聞你的手，確定是你，立刻猛搖尾巴表示歡迎你回家，然後很深情地不斷舔你。老貓的尾巴常常傳達出不同的身體語言，不像狗那麼直接，牠可能豎起尾巴，只有尾尖

輕輕地搖幾下，有點酷，卻還是歡迎。

有信仰，心安定

家有老狗老貓是我們的福氣，表示，家裡的環境、磁場、風水，以及我們給予的照料都不錯，我們得開始爲這些伴讀的書僮，做些準備。

首先用感恩的心常常給予鼓勵，就像愛惜一部古董老爺車一般，也許牠的行爲會有些返老還童，或是白天睡飽了，夜裡精神來，要人家多摸摸牠，甚至陪牠玩。跟狗貓講話，一定要抬起牠的頭，用鼻子碰牠的鼻子，眼睛盯著牠的眼睛，手輕輕撫摸牠的頭頂。頭頂是潛意識區，即使用心念配合撫摸，牠們也可以感受到。

其次是讓牠接觸宗教，讓牠的心靈有堅實的靠山。

養狗貓的人一定要有宗教信仰，這是我的強烈建議，你完全無疑的信任，才可能

眞正幫助你的同伴動物，因爲信仰可以寬解無名的壓力，讓我們以更眞心地祝禱，誠摯希望牠的未來比現在好，至少下輩子可以說人話，甚至不必再投胎轉世。輪迴很辛苦，當人當狗當貓一樣的辛苦。

如果眞的沒有宗教信仰，那就信仰眞善美吧！相信眞心，相信慈善，相信純美。牠們的輪迴自有定數，有宗教信仰的人可以幫牠將去處的層次提昇。沒有的人，誠心誠意地祝禱牠，牠還是會去牠該去的地方。切忌手忙腳亂、痛哭、胡言亂語，這樣的話，牠反而不知往何處去。

狗貓對你給牠的信仰指引，深信不移，照單全收，因爲牠們從來就是那麼深情。

我很喜歡看見宗教賜福給動物的儀式，有些天主教地區可以看到神父爲教徒們的動物賜福，也有佛教的信眾爲他們的動物皈依，這是人性最極致的表現，因爲大家都是地球上的居民。

狗貓需要宗教垂憐的急迫，就像你每天都得摸摸牠們，抱抱牠們那麼必要。牠們來這一趟，腳本裡一定有這一項：尋找宗教的慰藉，尋找有宗教氣息的家庭，如果沒有，牠會設法讓主人感到需要，用牠那短暫的生命來見證。因爲牠們用不能人言人語的肉身來修行進化，已經十分艱難。相形之下，看懂經文、可以頌經、受洗、皈依的人類，卻絲毫沒有任何覺悟，實在太可惜了。

這麼說來，老狗老貓不單需要我們好好伺候，還要多多給牠們鼓勵與祝福，因爲牠們始終善盡本分地扮演好這一路來的伴讀角色，就是要提醒我們：活到老學到老。

病

同伴動物們是濃縮版生命歷程，
當然也有所謂的身心靈，
當牠們不論是生病了，
或因老了或因先天不良造成的脆弱，
把身的這三分之一照顧好，
好好地跟牠們的心——另外三分之一對話，
其餘的三分之一——牠們的靈，
就交給老天爺吧！

疾病的眞相

疾病是什麼?

我們常說地球生病了，因爲臭氧層破了洞、冰山融化了、原始森林的面積越來越小、聖嬰現象開啓，冰河急速溶化縮小……但都說得不痛不癢。除非，你將心比心地把地球想像成就是一個人、一隻狗、一隻貓，否則，你永遠無法感受到地球生的病。

自古以來，地球至少曾經有過好幾次的冰河期，這個時期很雷同於「成住壞空」的「空」。當地球遭受巨大隕石的撞擊，臭氧氣層完全消失時，沒有了大氣層，當然也沒有了氧氣與二氧化碳，地球上的動物植物就只好滅絕。但是滅絕不是永久的，就像「成住壞空」不斷循環，起起又落落。

地球旋轉的軸線，自古以來，一直都在搖擺，寒帶、熱帶，曾經交替出現。在北極附近找到過長毛象，很古老的大象，考古學家也在當今的熱帶非洲挖到長毛象，顯然，南北極曾經有過大變動。而地震、海嘯，其實是地球在打擺子，當它精神不振時，抖抖身子，聳聳肩，爲的是恢復元氣。

當地球有生命現象開始時，植物先茁壯，之後才有動物。植物與動物的最大差別就是植物把氧氣當廢物排出，而動物則把氧氣當寶貝吸收進來。植物爲了不絕種，拚命排出氧氣，讓其他的植物無法生存。這時動物出現了，把氧氣這些垃圾當作寶貝，結果植物沒有贏，反而造就了動物的繁衍。

身體是小宇宙，其變化跟大宇宙是相似的，若用顯微鏡來看我們的身體，紅血球可比喻成地球，身體便成了浩瀚的宇宙。再以單一細胞放大百萬倍，許多原子、分子在其中，細胞又成了大宇宙。

把地球當成一個人，人類與動物大概只是一個個的細胞，或者是一個個的細菌，細菌有好有壞的，不傷人的就是好菌，讓人生病就是壞菌。

生理上的病，跟物理與化學現象脫不了關係。例如發生車禍，造成骨折、內臟破裂、皮開肉綻，大量出血等，是物理性變化。病毒細菌等病原體侵入，使我們感冒、得肝炎、皮膚上長癬，使正常細胞受損、喪失功能等，則是化學的變化。簡言之，生病就是生命體的「身」在做調整。

醫生就像修車師傅

雖說演化是各個物種各自的進化或退化，狗貓和人類同屬哺乳類，有類似的構造、類似的食物、完全一樣的生活環境，發生機制障礙的情形是完全相同的。

狗貓的生病，循著十分單純的軌跡出現，因爲牠們的身體跟一部沒有思考能力的

汽車、機車很像，生病就像車子出狀況。

汽車或機車都靠能源來啓動，構造比較複雜，有油路、電線管路，有引擎、電瓶，也有馬達。既然是機械，總有磨損的一天。線路是金屬加塑膠與橡膠製成，金屬會磨損腐蝕，塑膠會硬化、裂解、粉碎。橡膠則會彈性疲乏。電瓶是動力來源，有一定的壽命，當化學反應到達極限時，正負離子不再互通，它就停擺。

狗貓的身體跟汽機車很像的地方就是，壽命總在十年上下。

我常說醫院跟修車廠很像，醫生跟修車師傅沒兩樣。我們可以修理、換零件，使得車子又可以上路。但是，我們不是汽車製造廠，不會造新車，只能儘量讓車子堪用、跑得動，要讓它跟新車一樣，辦不到的。

我相信很多人都有修車的經驗，當然也有上醫院的經驗，這等比喻有點殘酷，卻是實相。

修一門故障學分

機器運轉不靈光，甚至轉不動了，就是故障。

身體運轉不靈光，就是病了。生命有身心靈三部分，許多人相信人會生病，是因爲靈有些不滿意。可是當你身體很健康的時候，常常就會忽略了心與靈的存在，因而導致生命的進化停滯。

進化需要開竅，開竅常常需要臨門一腳，生病正是這臨門一腳。這種例子不勝枚舉，看看有多少人在大病乃至鬼門關前走一遭之後，人生觀轉了彎，開始努力投入公益。

這裡頭當然也有因果論，因果論也在進化，就像世間宗教也在進化，然而其中只有佛教的進化最明顯。自從佛教西進歐美後，佛教進步到「人間佛教」，甚至成爲

「佛學」，而不再只深藏於宮廷、寺院裡，或只存在經典中。如果你知道的因果還是「善有善報，惡有惡報，不是不報，時日未到」，恐怕就是井底之蛙了。

生病，讓身體喘口氣

所有宗教的存在，第一要旨就是告訴我們，活著是很珍貴的，要如何活著，很寬慰、很自在地活著，因爲，很快地，「活著」就會慢慢消失，而且一去不知何時才能重新開始。

所謂的靈，就是指導靈，或稱之爲護法，每個人都有。祂們都是十分進化，充滿智慧的智者。在西方，常稱之守護神或守護天使。很像去駕訓班學開車一般，駕駛老師或教練常常就坐在你旁邊。或者，他會讓你自己駕駛，而在車外看護著你。這些教練也許脾氣大點，嗓門大一點，卻很容忍地讓你在不斷的嘗試錯誤中學到教訓，但絕

不會害你，何況，你還是祂的責任。

祂在哪裡？爲什麼你看不見？

祂可能在某個次元，喝茶看報聊天，或者參加聚會，或者正在博士後進修。老人家不是常說「人在做，天在看」嗎，祂或許此刻不在你身邊，然而不管多遠，祂都會在專屬於你的螢幕上看著你。祂們秉諸孔夫子說的「鐘不敲不響」，你從來不知道祂的存在，祂也沒關係。但是如果你誠心誠意地呼叫祂，祂就會來，因爲你是祂的責任，你的表現對祂也同樣有「加分或扣分」的影響。

所以，當祂覺得你脫離你原先的腳本太遠了，祂就會出現。如果你按著腳本的大綱演，甚至演得比腳本還精彩，祂可樂得一邊輕鬆。

祂的任務就是當褓母來提昇你的進化層次，如果你演得荒腔走板，祂實在看不下去了，就會叫停，重新來過。如果你演得太好了，祂已經無法引導你，就會去找更高

層次的祂來幫忙，這個新的祂可能比原來的祂擁有更多的博士學位。

身體運轉不靈，生病了，就像在舞台上，演著演著，導演突然叫停。也許你演得不好，或者依你的才華，你可以演得更好，而不必完全照著腳本來。這個叫停，正好讓你喘口氣、擦擦汗、靜下來好好地想一想。

病痛中，清醒學習

在很小的時候，我可是體弱多病，只大我幾歲的舅舅們，常常說我是豆腐，輕輕一捏就碎了。每每帶我出去玩，回來就感冒生病，總害得他們被外公外婆罵。

我清楚記得那種病情剛剛要開始好轉的感覺，心非常平靜、柔軟。眼睛瞇起，看到的熟悉景觀，變得很遠很遠，就好像將望遠鏡倒過來看世界一樣。

那種清靜的感覺，很像腳踏車上了潤滑油，騎起來非常輕爽，再也沒有惱人的Gi

Gi Ga Ga作響。

小時候不斷地生病，每次的體會都一樣。每次病懨懨地根本無法走動，家母就會揹著我去看醫生。那時候我學會的課目就是：親情是遠超過智慧的無價，親情裡包括了善、愛、無畏，是進化的必要，是生命中良好素質的基礎，沒有親情就不會有生命的延續。

當然，小時候我也是服膺「善惡有報」的井底蛙一員。奇妙的是，四十歲生日那天夜晚，我突然想起小時候害兄長被家父誤會而處罰的往事，我誠摯地在心底跟他們道歉。那個夜，霧氣很重，我道歉完，去到屋外，朝天的四方拜了拜之後，一夜好眠。

想起孔夫子所說：「吾十有五而志於學，三十而立，四十不惑，五十知天命，六十耳順，七十從心所欲而不踰距。」這眞是生命軌跡的精髓啊。道歉、讖悔，常常就是感恩的開始。一旦學會了感恩，你的護法神立刻開懷大笑，因爲祂可以輕鬆了，當然，祂也不會就此撒手不管，而是會用比較輕鬆的眼神，看著你不再受囿於太過簡化

的因果相報的僵化信條之下，看著你因此開了智慧，更要看著你如何在病痛中學習。

生病就是讓人痛苦，因爲痛苦，才會清醒。所以，許多痛苦的狀態，跟生病是相同的。別以爲生病只是肉體的故障，你的心碰到了瓶頸，也會痛。心頭的痛，常常比肉體的痛更叫人難受，因爲，它不會輕易消失。也因爲它不容易消失，只要你懂得轉變，它就是你進化的動力。

因病，心更寬

病痛本身除了業障報應之外，更是你的功課。從學習的角度來看，這種機會得來不易。就像醫學生畢業之前，會被要求練習當病人，躺在病床上，被抽血檢驗，被這邊聽聽那邊敲敲，親身去體會當個病人的身心狀態。

病痛有千萬種，不論中西醫，醫書都是那麼厚厚的一本本。而世上沒有人是不曾

生病的，就像學生得面對種種大大小小的考試。參加考試得事先下功夫，上課用心，下課溫習，小病是小考，大病是大考，而嚴峻的病就像證照考。

許多人通過了病痛的考驗，心智大開，懂得將心比心的智慧佈施。於是，你看到許許多多曾經病痛的過來人，成立病友會，把自己的心路歷程傾囊相告給那些有相同病症而心慌意亂的人，讓他們產生信心，激發活下去的勇氣，常常就這麼帶領許多傷痛者走出陰霾。

當然，未必每個人一定要經歷痛楚，才能心領神會產生助力。

有位主人臉色深暗，看完她的狗兒，我挑明地說：「妳有病喲。」她馬上眼眶濕了起來，原來，醫生說她的乳房有硬塊，必須進一步檢查。此時，心頭亂得很。

我雲淡風輕地告訴她：「妳死不了，因爲這正是妳此時的必修課。」我告訴她，我知道的一些人得了乳癌，如今依舊活得很好，還到病房去當志工，協助那些被五雷轟頂、快撐不下去的人，慢慢捱過來。

消失了好一陣子之後，酷酷的她，應該說要鐵齒的她又出現了，她已經好了。原來，她被我一激，深深吸口氣，決心跟那個硬塊奮鬥到底。切片出來，不是好東西。她默默地接受，卻不服輸，改變作息，改善飲食。幾年後，例行地回診，那些硬塊居然就不見了。

還有位名主播，把病當寵物養，大家和平共存，依舊十分珍惜地過著每一天。移民加拿大後，也若無其事地繼續發揮媒體專長。日後再回到台灣，繼續正常上班，而今，病魔仍然沒有把她擊垮。

轉個念頭，不過是一門課

有句話說「眞病沒藥醫，藥醫不死病」，意思是眞正的病、眞正的故障，那是沒

藥可醫的，就是別指望了。而死不了的病才有藥醫，也就是說，只不過是汽車無法發動的故障，也許換個火星塞，清清化油器，把電瓶重新充滿電，或者換個新電池，又可以發動，甚至再跑個好幾年。

所以，如果這個故障是支離破碎，大羅天仙也救不了，那就別奢想了。也許時限到了，也許沒演好，重新再來吧，時間多的是。

然而，有許多人的病都是想出來，例如有些人看著報章媒體甚至網路上談論的一些病，立刻疑心病起，覺得自己可能中獎了。許多高明的醫生看穿了這點，給你安慰劑之類的維他命，如果你認爲那是仙丹妙藥，那它自然就會把你的心病治好，就因爲你的全然信任。

台灣人常常說「先生緣，主人福」，跟醫生有緣，病情就會改善許多。同樣的毛病，同樣的醫生，同樣的醫療方式，在不同的人身上，療效不盡相同。其實，醫者藝也，是一門很高深的藝術。

古時候，巫、醫、僧三位一體，也就是說古之醫者、巫師、僧侶，常常扮演相同的角色，就是整治三位一體的身心靈。

所以，如果你深信，病痛是業障，是因果報應，這可能不假。但是，如果你心念一轉，不過就是一道鞭策，不過就是一門功課，那你就邁向進化提昇之路了。

三三定律

動物的病又是如何呢？沒那麼拐彎抹角，不過就是眞相的示現，是讓你可以沈下心來思考的好機會。

在狗貓的身上，我體會出一個規則，姑且就稱之爲三三定律，正好對應身心靈。三三定律就是三個三分之一。第一個三分之一是身，就是狗貓的肉身形體，平時靠平衡的飲食與預防針等來保健。當牠生病時，所給予的醫療照顧，都在這三分之一裡頭。

第二個三分之一是心，也就是牠們的意志力與想法。狗貓的生命力很強，天生懂得趨吉避凶，懂得如何照顧自己，如何逃命，如何想盡辦法活下來。當然牠們也會擔

心，倒不是擔心自己，而是擔心主人一家，在牠們的心裡，我們既是牠們的衣食父母，也是牠們的寵物，牠們總把守護、照料我們當成牠們的天職。看到這，許多人贊同狗體貼，但是貓?!恐怕就不解了。其實，貓的表達方式比較含蓄，牠們不像狗那麼熱情，只要你用心點，一定可以體會到。貓有自己的想法，我們無法控制牠。我們常常看見狗隨著口令動作，卻很少看到貓也能如此。這種區別對於人們正是一種啓示，因爲人們總是希望別人聽我說，贊同我的想法，瞭解我。我們常常忘了，別人也有他們的想法他們的認爲，結果常常是刺蝟碰到刺蝟。所以，與貓接觸過的人，就會理解到，要跟貓好好相處，我們就必須放下身段，放棄成見，因爲貓的一切表現，看似無情卻有情。我們常常誤以爲牠們無情又十分的自我，卻又不時可以聽到牠們的眞情事蹟。

舉個我們家的例子，來說明貓那無法捉摸卻深情依然的本性。

平時跟著孩子們上下學而準時離家回家的咪咪（我叫牠「蜜米」），吃飯要人陪，吃兩口又走開。牠隨時想出門，不達目的誓不甘休。即便天寒地凍的深夜，牠想出門巡巡牠的管區，我也只好答應。牠想睡哪就睡哪，完全沒有固定的地方，書架、衣櫥、報紙堆、沙發、窗檯，甚至牠想喝哪裡的水，茶杯裡的、水栽盆景的底盤、漱口杯裡的、馬桶裡的，都隨牠高興。甚至有時急著要出門，結果只是想喝屋簷下那髒髒的積水。

有一天，小兒子受傷回來，哭哭啼啼地讓我替他上藥清傷口。這時，蜜米不知從哪裡冒出來，坐在他身邊，靜靜靠著他。沒有熱情的擁抱與舌吻，只有憐惜的默默鼓勵。就在那個當下，我看見了牠深情以對的獨特自我。

其實，人們最不寬容相待的就是每個人獨特的自我，我以爲牠應該是這樣、那樣，然而牠卻又常常脫軌演出。自我有無限的可能，也有種種的不能。孟子就說過，

求其收放心而矣，孟子的心緒常常也是天馬行空，爲了拴得住那顆心，費了很大的勁。

既然拴不住，那就放心它自由飛翔，等它累了，自然倦鳥知歸。有時放空之後，它反而靜靜地停駐。這就是從貓的身上，我們可以體悟到的照見自我。

第三個三分之一就是靈，也可以說是老天爺操之在手，或者就是無法掌控的許多未知因素。套句球場上常聽到的名言：球是圓的，勝負不盡然與實力有絕對的相關。

不畏懼，與疾病共處

這個三三定律如果應用在人的身上，其實是完全相通的。有許多癌症病人，給予同樣的治療照顧，則家人與醫生已充分做好三分之一，如果病人自己毫不畏懼，全盤承受生病這個事實，不去想別的，則又多了三分之一的勝算，偏偏這個三分之一是最困難的部分，因爲有許多人會想，怎麼是我？我怎麼這麼衰？我們家的風水不好嗎？

我很虔誠拜神，神明爲何沒有保佑我？甚至認爲這是末日煉獄的到來……唯有不畏懼的人，心放寬了，情緒穩定了，心性覺悟了，完全配合醫療，也珍惜每天的到來。當他的心念一直在正向提昇，免疫系統也會更加努力，則穩定好轉的機會遠高於那些心情早已崩潰的病人。這時他已擁有眞實的三分之二勝算，那剩下的三分之一，必然在冥冥之中有所調整。這三分之一，就是你的指導靈觀察你的表現而決定要如何給你加分，讓你過關。値此同時，祂也必定給你新的功課。

我曾經看過一個新聞報導，有位婦人知道得了癌症後沒有自怨自艾，反而冷靜反省，她明白自己年輕時爲了家庭毫無保留地付出，完全忽略了要多愛惜自己，因而養出這個壞小孩。她把癌症當壞小孩的想法令人讚賞，她依舊正常過日子，開始注意養生，並且投入公益活動。

原本醫生判斷她的來日已經不多了，未料她把壞小孩子也當成是自己的小孩，自

己生出來，自己養出來的包容與尊重，加上完全配合醫生指示，而今已過了八、九個年頭，她還活著。她謝謝這個癌症，讓她活出眞正的自我。她書唸得不多，思路很憨直，沒有太多複雜的邏輯，所以很容易抓住重點，也許病痛依舊，她卻已經脫胎換骨。

近年來，日本的醫學界已開始準備將癌症視爲慢性病。成了慢性病，病人不再那麼恐慌，反而因禍得福，可以慢慢地思考，對於病情自然是大有幫助。

超強忍功造成的迷思

狗貓的三三定律，操控在人的手裡，主人清楚，甚至也盡力，通常只是把身的那三分之一做好，心的那三分之一，卻常常被忽略了。

狗貓生病時會躲起來休息，牠們知道生病了，進食量會減少，必須靠自身所儲蓄的能源來供應，積蓄不多，必須省著用，以待外援來到。

我們常常會好奇牠們好幾天沒有進食，怎麼一副沒事樣?!那是因爲牠們天生懂得節約能源，牠們不愛思考，關閉幾個感覺及運動器官，就保留最基本的呼吸循環代謝。也因爲習慣了牠們即使久未進食仍健康模樣，昨天還好好的，怎麼今天就病倒了，教人完全措手不及。

其實這個迷思背後有個十分殘酷的現實。

狗貓的平均壽命約爲十二至十五歲，人類以保守的七十二歲來算，牠的一天約等於人類的六、七天，昨天大約就是一周前，上禮拜就是一個半月前，上個月就是半年前。所以，人類看牠「突然」病倒，其實是我們忽略了許多小徵兆，例如牠胃口稍微差了些，我們會以爲也許是天氣熱；牠會對著樓梯望著我們，我們以爲牠偷懶、撒嬌罷了；牠可能出去蹓蹓急著要回家，或突然嘔吐，下一餐卻又正常地大吃大喝……簡而言之，就是牠們忍痛的功力太令人嘆服，我舉一個最簡單的例子。

一般人全身麻醉手術之後，一定得等到放屁，也就是開始排氣了，護理人員才會讓病人開始進食。因爲全身麻醉退了，腦袋清醒了，我們的腸胃可能還在睡大覺，必須等它們也醒了，開始正常蠕動，排氣，吃下去的東西才不會停滯不進，否則很容易引起脹氣，甚至嘔吐。脹氣加嘔吐，很容易使得傷口破裂。

然而，只要嚴格空腹十二小時之後才進行手術的狗，六、七個小時之後牠就口渴，甚至肚子餓了要吃喝。而且吃喝之後，居然沒事，倒頭就呼呼大睡。

術後的傷口，我從來不替牠們包紮，只有在牠們舔咬傷口時，立刻戴上伊莉莎白頸圈這個大漏斗，讓牠們舔咬不到就行了。傷口不必換藥，消毒殺菌全靠口服藥。十天之後拆線，傷口都會癒合得不錯。

我常開玩笑說，因爲牠們的皮比較厚，才能長得出毛來，傷口也才癒合得快。人類的皮膚太薄了，只能長出細小的毛，當然傷口的癒合力就差多了。

激勵遠甚過瞎操心

回首牠們的忍功太好了，以至於總是病入膏肓才倒下來，令人手忙腳亂，這時就務必想到我說的三三定律——其實牠們毫不畏懼病痛，所欠缺的只有激勵。

生命力是可以被激發出來的，尤其是所信任的人說的話，牠們都會接受，因此千萬不要說喪氣話。狗貓十分相信牠們的主人，所以，我們激勵牠們，牠們都會努力。當然，先決條件是，牠們還不能畢業。也就是說，我們努力掌握那三分之二，剩下三分之一的留待天意，既然瞎操心也不可得知，就別想了。

我最喜歡給牠們加油，也給主人加油。激勵牠們努力地比賽，而不要去想獎牌。因爲能否得獎牌，先天條件要好，而自己得非常努力，剩下的只有運氣。沒有好運氣，只要努力過，一樣無憾。

給同伴動物加油時，必須十分正經而誠懇地跟牠們說話：抬起牠們的頭，用鼻子

碰牠們的鼻，兩眼盯著牠們的眼珠子，手撫摸牠們的頭頂，用肯定的語氣跟牠們說話。頭頂有個潛意識區，有人只需摸摸兔子、公雞，乃至小鱷魚的頭頂，慢慢地牠們就被催眠了。頭頂被摸著摸著，彷彿被強大的力量震住了。這時，你說什麼，牠都唯唯諾諾。

我記得有隻十七歲的老拉薩狗，一個多月來不斷發高燒，食慾不振，體重輕了一公斤多。同業都說牠老了，不必再治療啦。

我看著牠那依舊十分銳利的眼神就明白了，於是驗個血，順便掛上點滴補充牠的體力。原來牠的高燒不斷是淋巴癌在作怪，我摸著牠的頭頂給牠加油打氣。平時非常犀利固執的牠，居然默然答應會好好努力。

點滴打完，幾個小時候牠恢復力氣，燒退了，力氣來了，胃口也開了。

淋巴癌我可沒法子，十七歲的老頑童我也沒法子。但是，我可以使喚牠的心，讓牠的鬥志被重新喚起，是牠自己把淋巴癌給鎮住了。我不過是補充水分、營養，讓牠一身老骨頭添上潤滑油，於是牠就不服老地重新站了起來。

拉薩狗是一種非常頑固的狗，永遠不服輸，也不太願意被擺佈。主人說這十七年來，爲了給牠強灌藥，手一定受傷，所以，牠從來不曾成功地吃下任何藥，就憑著這股拗脾氣，從開始治療到現在過了四個月，牠像一輛破舊的老爺車，儘管不能再奔馳，卻還能緩慢啓動，駛一小段路。

主人常常問我，牠究竟還有多少日子，我也不知道，只好告訴他：「佛曰：不可說！」剩下的三分之一，就交給老天爺吧！

先天不良

這一章要來談談畸型，也就是胚胎在發育過程中，受到先天或後天的干擾，而生出的不良形體。動物的悲劇之所以三不五時上演，幾乎都是因爲人爲的盲目繁殖。

自古，人類就喜歡珍奇猛獸，主要是源自對帝王的朝貢，用以討好統治者。而今，商業利益主導了市場，侏儒狗、畸型貓到處可見，例如紅貴賓因蒙名模寵幸而聲名大噪，我卻見到許多長大後、毛色由棕而淡化成土黃色的貴賓狗。遲早，我們就會見到紅貴賓長大了成爲白貴賓。這種原來本色的小貴賓狗，基因是很誠實的，偏偏人類好扮演喬太守亂點鴛鴦譜，基因一時被亂搭配，到頭來，還是會回到原來的樣貌。

人類無知讓牠們更脆弱

摺耳貓很可愛，可是摺耳配摺耳，下一代就不一定是摺耳貓了。

人類的無知可說是最大肇因。

在台灣，繁殖業者認爲吉娃娃本來就應該有些腦殼發育不全，頭頂臚骨沒有完全癒合而禿禿的。摸牠的頭頂，一個大洞，摸到的就是大腦。實在讓人冒冷汗，沒有了腦殼的保護，輕輕一戳，大腦就完了。這種腦殼發育不全，其實是畸型的水腦症。小時候，超過兩小時未進食，牠就會因血糖太低而昏倒。

我曾經養過一隻被遺棄的小可卡狗，體型只有正常的三分之一大，長了一副兔唇。原來，那一陣子，非常流行可卡狗，長毛茸茸的，小時候非常可愛，長大了卻成了流浪狗的大宗。因爲，可卡狗垂過下巴的長耳及全身的長毛，只要一天不刷不梳，很快就打結，長耳蓋住耳道，耳朵天天發出惡臭，於是，就被棄養了。

再說黃金獵犬與拉不拉多，牠們的髖關節結構如果先天就不良，四、五個月大後，兩條後腿就成了X型腿，吃力地站，吃力地跑。運氣好的長大了，後腿一瘸一瘸的，看了令人心痛，主人於是花大錢爲牠們動手術裝人工關節，或者去做SPA，讓牠減少痛苦。

在國外，尤其是德國，老早就很重視這種先天畸型的篩選。出現這些毛病的動物，立刻給予絕育手術，甚至人道安樂死，就是希望讓這些不良基因絕種，不要再禍延子孫，反觀台灣卻引進換關節的手術，實則是變相地想彌補飼主的良心不安。

人工關節手術早已成熟，人類接受這種手術是因爲老了，生活品質變差而不得不做。讓狗兒做這種手術，彷彿鼓勵盲目的繁殖。尤其是繁殖業者喜歡買冠軍狗，卻不去查查牠的同胎兄弟姊妹可有哪些異樣。冠軍狗非常亮眼，可能只是牠運氣好，分配到好的顯性基因，卻依然攜帶了很差的隱性基因。一旦大量繁殖，醜態就出現了。

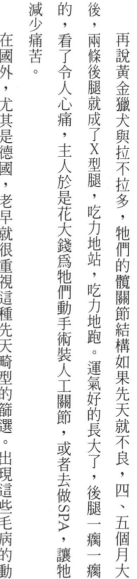

多理解，早準備

再看市場上盲目的逐利遊戲。最簡單的流程是，業者引進漂亮的種狗進來，生下來的小狗高價出售，賣到天南地北。結果花大錢買了這些狗的人爲了撈本，就隨便配對，第二代和第三代近親繁殖，許多早該淘汰的劣質基因就顯現了。

越是迷你型的玩具犬，越能賣出好價錢。孰不知，這些近親繁殖出來的產物非常不好養育，業者從小就給牠們餵食，等到夠大了趕緊賣掉。

迷你犬體型纖細，骨架單薄，下顎骨很細，氣管尤其脆弱。骨架單薄，稍微用力拉，或者從一尺高往下跳，就骨折了。這種骨折十分難矯正，一般器械對牠而言都太大，小號的支撐力又不足。此外，由於下顎骨很細，牙床自然也淺，牙齒也就無法植入很深。如果從小沒有天天幫牠刷牙，配合使用乾飼料，不到幾歲就滿嘴爛牙，怎麼清洗、保養都使不上力，何況，這類的狗都被捧在手心，天生就比較挑嘴，主人又喜

歡一口一口餵牠吃零嘴。當牙都掉得差不多了，下顎骨非常容易斷裂。

狗的食道與氣管上下平行，氣管是一串倒C型軟骨的上面一片肉，食道就壓在上面。每次進食都壓迫氣管。進入胸腔處稱爲「肺門」，本來就狹窄，所以許多狗吃東西時，不時會有被嗆到的感覺而咳幾聲。小型狗本來就容易驚叫，叫多了，空氣急速流通之下，氣管很快地就塌陷了，常常咳得像哮喘一般。久了，因爲進氧量不足，心臟只好晝夜加班，開始擴大，接著心肺循環不佳，容易引起肺水腫，天冷易咳；天熱，爲了呼氣散熱也咳，一般人總當成感冒的咳嗽。

愚蠢加上貪婪，讓許多劣質基因就在狗貓族群裡四處流竄，攪亂了本來十分美好的一江春水。養純種狗就得冒上述風險，因爲牠們是在小小的基因庫裡打轉，好壞都在裡頭。

有讀者會問，既然動物老了或病重時，應該幫助牠們離開，不要牠們痛苦地撐下去，可是如何知道何時該加油、何時該放手？

我們必須尊重動物的自主權，牠們知道自己的承受能力。我常說的加油是「勇敢地活下來，勇敢地離開」，而不是明知不可爲卻硬要牠們活下去。當牠們的痛苦已超過所能承受，或者牠們還有牽掛，或者牠們神識已經不清時，牠們會哀嚎，甚至是反常地嘶吼，這時就該放手了。

死

如何面對動物臨終？我們可以做的，
或是為牠蓋上往生被，或是為牠頌聖號、持咒，也可以單純地誠心祝禱……
在日常生活中，試著練習死亡的冥想，
看著餐後水果，想想它生成過程到被採摘終到你的手中，
一旦意識到我們每日的生活都有數不清的死亡，
你就不會那麼難以面對終究會到來的死亡。

除夕夜

夕陽無限好，只是近黃昏。面對生命的尾聲，常人都會這麼看待。然而從另一個次元的角度來看，夕陽還眞是好。

我說過人生就是來上學，也就是拿著腳本來好好把角色演好。黃昏，就是戲該落幕了。戲到了尾聲，當然是高潮迭起，觀眾看得過癮，演員也得謝幕，畢竟幕落了，才能重新掀啓。

當生命接近尾聲的片刻，就如同一年走到盡頭的大年夜，遠遊的家人跋山涉水地想盡辦法趕回來，大夥高高興興地除舊佈新，敬天祭祖，圍爐守歲……相傳，熬得越晚，父母就會越長壽。

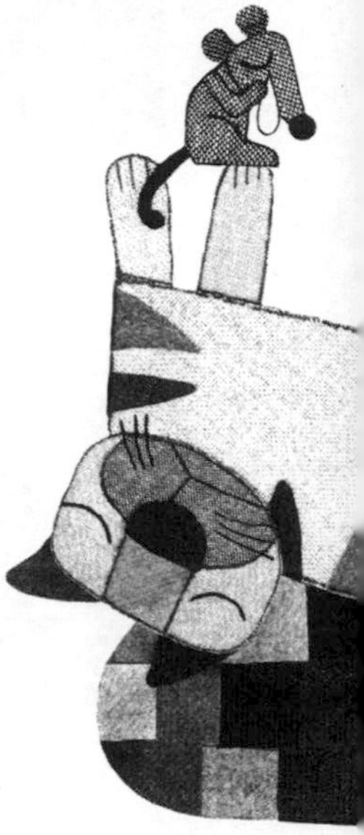

臨終也應該這般充滿希望與喜悅，因爲即將畢業，說不定還拿高分。甚至把學分都修滿了，從此不必再來，因爲做人、讀書都很辛苦，不必再來這麼一趟，當然是最好的。如果，平時很混，可是畢業考拿高分，當然可以順利畢業，表示這最後的奮力一搏，得到認同了。當然，你也不能把賭注放在這最後一把，萬一賭輸了，重修的滋味可不好受。

自殺叫做中途被當，等你休息夠了，還是得乖乖重修，這樣，將來才有畢業的一天。任意的安樂死跟自殺一樣，都是中途被當掉了。爲什麼會被當，表示你一路走來都不用心，勢必得重修。

最後的這段時光十分重要，如果這一世都十分小心謹愼，卻在最後一刻心念亂了，結果就很不一樣，不就有這麼一則故事：

有位老僧平時十分精進修行，在一個風雪之夜，望見白茫茫樹林中有隻懷孕的母

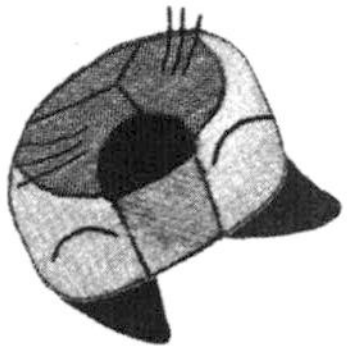

鹿，從此，他爲母鹿掛著心。臨終前，眾家弟子一齊圍繞他身旁爲他祝禱，而他仍掛念著那隻母鹿。就這麼一個分心，原本可直達極樂淨土的他，一念三千里就到了母鹿的子宮裡，枉費了一世的清修。

一心不亂，是個激勵，也是最高標準，只是血肉之軀，有心跳呼吸，難免種種思念，因此才被稱爲有情眾生，否則跟冰冷的礦石機器就沒兩樣了。

高僧大德尚且如此艱難才得始終如一，凡夫俗子乃至飛禽走獸，就只有好好把握那最後的機會。

臨終的關懷，常常可以消千世累劫，佛家不是常說：放下屠刀，立地成佛。當然這個成佛，只是鼓勵，可以讓人存有無限希望，其眞義是，要人種下善根佛種，給你一個很好的開始——天底下可沒有白吃的午餐，一心想去極樂世界的人，必須瞭解到這個眞相。

西方極樂世界很像度假的樂園，是修行最棒的場所，但是去了就不必再回來嗎？那可不一定。千萬年以來種下的業因一旦休息夠了，還是得面對。沒了業因，則還可能有願因，你曾發下的誓願，可能就得倒駕慈航，回到人世來完成宏願。

人之將死，其言也善，因爲這時你必須面對的就是你自己，眼前一切即將跟你無關。善知識，能讓你開智慧，讓你頓悟的才是最迫切也最適當的養分。

用心體會，圓滿善終

讀者都知道，狗貓的壽命差不多十多歲，所以幾乎都要替牠們善終。與牠們結緣的第一天，我們就得有這個體悟，如果你還沒準備好，就不可去結這個緣。有機會替牠們善終，是我們的福氣，而且比面對人類還容易，因爲狗貓的世界很小，腳本的內容也很簡單，我們教的，牠們都全盤吸收。

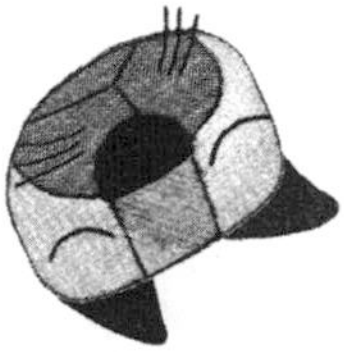

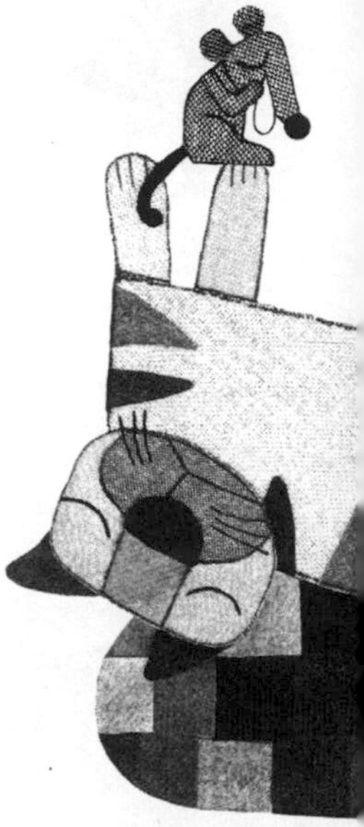

動物的除夕夜，多少有些跡象，行爲會有大轉變，所謂的「老小老小」，就像老人家退化成小孩似的，牠們會希望隨時有人陪在身邊，卻不見得要抱抱；牠們可能會突然變得乖巧，眼神變得很柔；牠們可能進入冬眠狀態，大部分時間都在睡覺，不再回應門鈴、電話鈴，有時，沈睡得不知道我們已下班進門。

牠們對於往生完全沒有恐懼，只有不捨與牽掛，所以你得捧起牠們的頭，用鼻子碰著牠們的鼻子、眼睛盯著牠們的眼睛、手撫摸牠們的頭頂跟牠們說話，或者用心念跟牠們說，牠們會像海綿似的，把你給牠的全部吸收，沒有半點疑惑。

輕聲播放宗教音樂、佛經、佛號的錄音帶給牠們聽，或著用念佛機，二十四小時播放，不斷提醒牠們，將來要去當天使或者跟著佛菩薩好好修行。

如果你平時有祈禱、查經、持咒做功課的習慣，那是非常好的習慣，不妨把牠們請到身邊來。牠們的聽覺也許已經不行，卻依舊可以感覺到，因爲這時候你是在跟牠們的靈對話，你的心念牠們都很清楚。

鼓勵牠們專注且勇敢地一步步向前走。請用鼓勵、加油等正向的語言來代替你的哀傷與不捨，甚至恐懼，因爲這些負面的情緒會讓牠被扣分。

人有七情六慾，哀傷、恐懼、不捨都沒有什麼不對，只是智慧的層次不高。如果你曾經如此，不必懊悔，所謂往者已矣，來者猶可追。活在過去陰影中的人，其實都是笨蛋，所以不可繼續笨下去。只要念頭轉個彎，過去的愚昧都是可以彌補的。

首先跟當時你沒有好好送終的動物道歉，然後學學古人施棺之類的義行，承諾願意去救助牠們的同類，讓牠們得以善終，這等效益比給牠們做法會超渡，頌上幾部經都更好。

許多人給狗貓頌經辦法會，只是想懺悔，在牠們有生之年沒有好好善待牠們。這也無妨，畢竟人都是在失去之後才懂得珍惜，既然知道珍惜，也很誠摯地懺悔，那麼

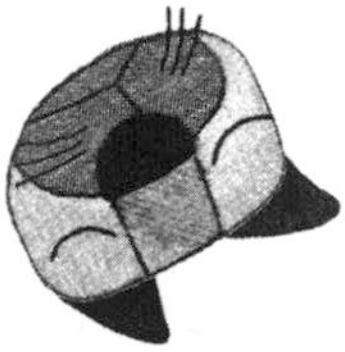

牠們的離去，反而會爲彼此加分。

善終的功德不在救人一命之下，救的不過是肉身罷了。善終是安頓了靈，那種層次就高了許多。

善緣、惡緣不如結慧緣。善業、惡業不如造慧業。有恩報恩，有債還債，來來去去何時了。給人提昇智慧，兩不相欠，造慧業、結慧緣，彼此都加分。

圓滿的善終不是難事，只要用心去體會那精密細微的眼神，久了自然可以心領神會。也就是，你得常常盯著同伴動物的眼睛看，眼睛是靈魂之窗，多多練習與牠們的靈說話。

好好道別，不再牽掛

通常，動物在即將往生時，都會想跟親友道別。

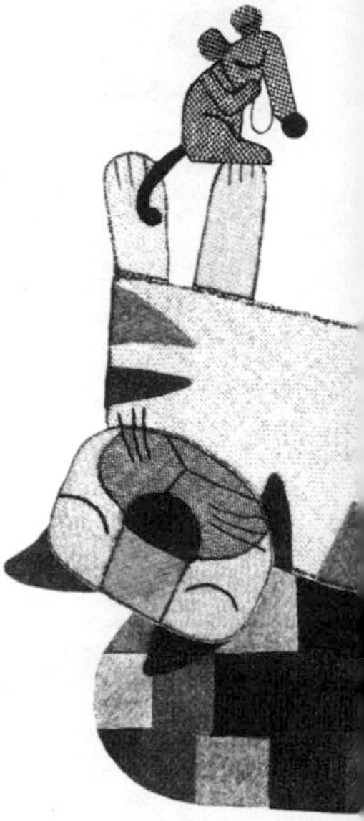

有隻十五歲的老博美狗，已經好幾天不吃不喝，我盯著牠的眼睛看了許久，轉頭問主人是不是有人缺席了，牠還沒跟對方說再見？主人想了想，原來是遠在高雄的父親。我要她立刻打電話過去，請她父親用鼓勵的方法跟老博美好好道別。通完電話，老博美的頭慢慢垂了下來，很安心地走了。

隔天，篤信基督的主人來了封長信，她徹夜讀經跟她的神對話，心境慢慢放寬，感受到那昇華的喜悅。

有時候，當同伴動物內心覺得有歉疚，也會杵在那兒不肯走。

老波波是隻很乖的約克夏，有心臟病、骨刺以及多年的老年痴呆，可說是燈枯油竭，牠就是捨不下。平時的牠可神氣，這天晚上七點多，主人夥同兩位友人帶著老波波前來，我抬起牠的頭，很專心地看著牠、跟牠溝通，牠的眼神漸漸變得十分輕柔，我也微笑以應。

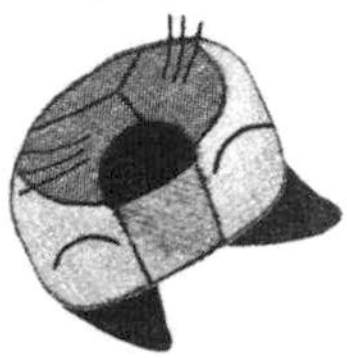

原來老波波還有一件心事未了，牠想跟一個人道歉。我問主人，還有誰跟牠相熟，也很疼牠？主人這才想起有一位朋友答應來看牠。我說等不及了，立刻把她找來吧。一個小時後，朋友來了，緊緊抱著老波波。過去一陣子，老波波還頂不喜歡她的，因爲有一回，她裝豬叫逗牠，把牠嚇壞了，從此不想理她。

老波波在她懷裡十分安詳，我幫牠翻譯：「牠想跟妳對不起，雖然那年被妳裝豬叫聲嚇到了，然而此刻牠將畢業，就差一個學分，就是跟妳道歉與珍重再見。」

回去後十一點多，老波波安安靜靜走了，沒有痛苦，沒有遺憾，也沒有不捨。焚化完，燒出許多舍利子。

有時候，即使跟牠們只有一面之緣、一飯之恩的人，牠們也希望在臨去之前表達謝意，因爲道謝過了之後，彼此都可加分。這種例子非常多，老莎莉也是之一。

可卡狗一歲多，流浪街頭，陳小姐收容牠，帶牠來結紮、驅蟲、打預防針，同時

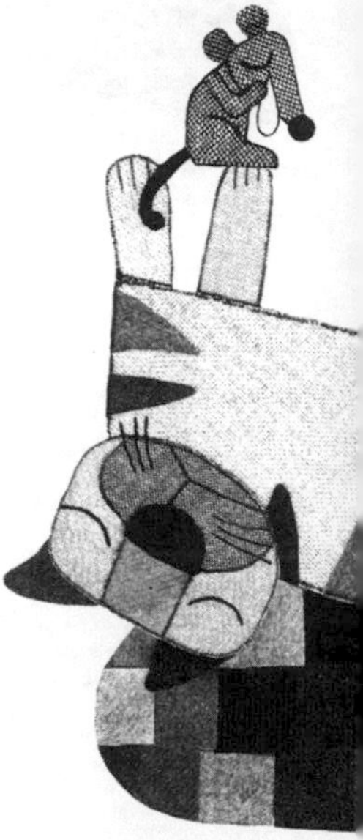

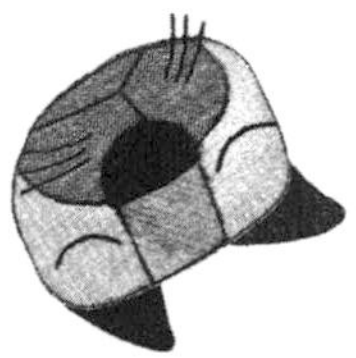

將心絲蟲症給治好。十年來，除了打預防針，牠都沒有什麼病痛。這天，牠突然不想吃東西，陳小姐趕緊帶牠來找我。

老狗的病，如果沒有特別的症狀，就只有靠驗血才知道問題在哪。抽完血，老莎莉偏著頭，很輕柔地望著我，我心頭彷彿被電擊了一般楞了一下。這種眼神十分熟悉，原來是個告別禮。

隔天驗血報告出來，我趕緊去電告訴陳小姐。陳小姐說，昨天老莎莉回來，在屋裡屋外全部巡視一遍後，躺下來就走了。這也給了我一個難得的經驗，可卡狗一定會等到吃完最後一餐才走，因爲牠們忍病痛的功夫是一流的。驗血報告，完全沒有什麼異常，只是牠的時辰到了，就這麼瀟灑地走了。

我很幸運，不斷有許多老狗老貓來道別，這等情義讓牠們加了不少分，也讓我的心念更加篤定。也許，在累世裡，我們曾經相處過，牠尋尋覓覓終於找到我，也許就因還欠我一個正式的告別，這回終於完成心願，從此再沒有牽掛，這就是加分。牠們篤定了我的心念，就是好不容易來過一趟，就得十分圓滿地走完。

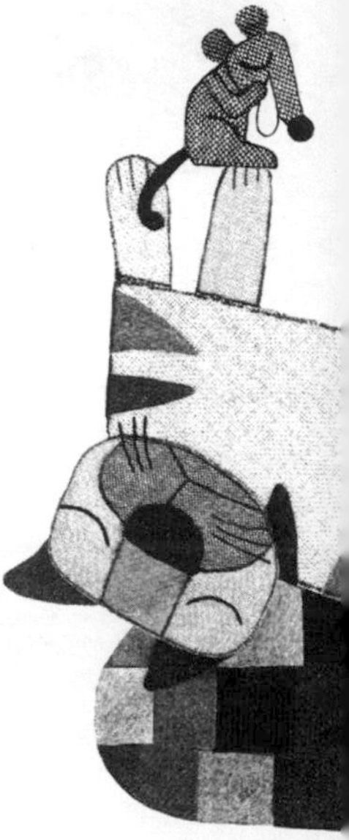

小白的微笑

三年前，有隻二十歲的老狗，已經三天不吃不喝了。孫小姐抱著牠來，我一看到牠衝口就說：「哈！小白，你要去見菩薩了，眞好，一路好走啊。」

我摸著小白的頭頂給牠祝福，牠微張著雙眼，似笑非笑地看著我。我打了蓮花手印在牠頭頂，然後沒有給牠任何針藥就讓孫小姐帶牠回家去。

回到家，小白四處聞聞，然後躲到沙發底下睡著了。天亮，孫小姐醒來去摸摸牠，牠已經沒有呼吸。

家裡的老阿嬤本來就有許多忌諱，怕牠死在家裡。然而，在小白死後三十小時，

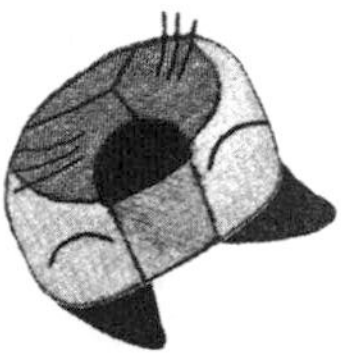

老阿嬤很勇敢地摸摸牠的遺體，居然還是那麼柔軟，突然什麼都不怕了。

小白走了之後的第七天，也就是俗稱的頭七夜，孫小姐作了個夢。夢中，檀香味瀰漫，有個小男生跟著白衣大士出現。她很清楚地認出，這個全身雪白的小男生就是小白。

小白手牽著白衣大士的白紗開口了：「姊姊啊！我很苦惱。」

「你爲什麼苦惱，菩薩帶著你啊？」

「是啊，我只是害怕唸錯了咒語，會被罵。」

「爲什麼？」

「妳用國語教我阿彌陀佛，可是在靈骨塔那邊，替我做法事的師姊用台語幫我唸，我不知道該用國語還是台語來唸，我上輩子是金門人，雖然操的是海口音，師姊的台語我是聽得懂，只是不知該如何唸，菩薩才不會罵我。」

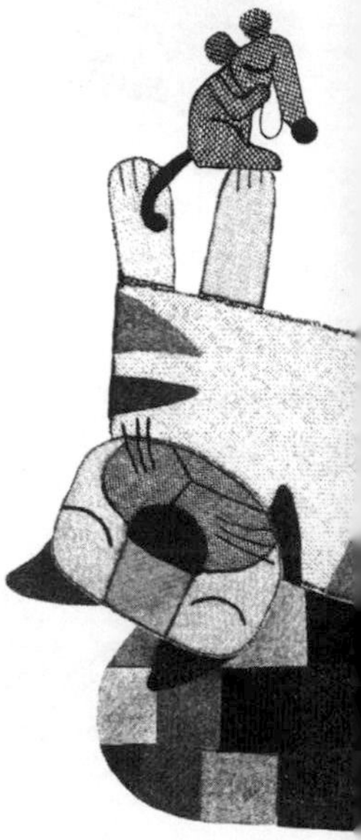

這時，白衣大士開口了：「沒關係，你唸唸看。」

小男生很純熟地用國語台語各唸了一遍。白衣大士開口了：「你唸得很好，沒關係，繼續好好地唸。」

這時小男生很興奮地說：「姊姊呀，我現在不必再去投胎了，菩薩答應讓我跟著祂修行，嘿，我要走了。」

隔年的中秋節，孫小姐突然來訪，拎著一盒十分可口的月餅。起先，我對她完全沒有印象。當她講完這個故事，我終於想起那溫馨的——小白的微笑。

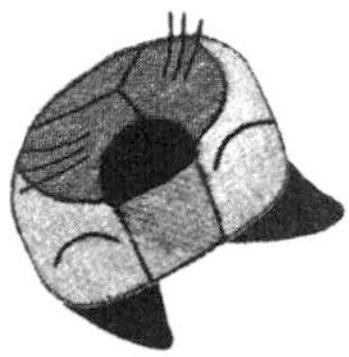

芬芳幽谷

往生這個詞眞是絕妙，因爲它帶著一分智慧的訊息。

往新的生命去，就是往生。

所有的生命出發點正是終結點，也就是繞一圈，又回到原點，這個原點是基點，不斷出發，不斷歸來，都是回到原點，這就是生命運轉的機制。生命就是這樣，繞呀繞的，又回到原點。

一個已經圓滿的生命會在這個原點上開始新的提昇。也就是，這個靈充滿了光與熱的能量，來來去去無憂無慮，沒有牽絆的自由自在。

佛陀、基督、眾菩薩的畫像裡，大家都會看到祂們的頭後面有一圈光環，就是極

高的能量。所有的聖賢都是一團非常高級又精緻的能量，一團非常自在的能量。許多書上常提到，有些人看見過這團光耀刺眼的能量，這團極高的能量會說話，會發出聲音，不管說的是哪一國的語言，反正你就是聽得懂。

聖賢的能量是光耀奪目的，卻不會傷了我們的眼，反而讓人沐浴其中，非常歡喜自在。所有的動物也都帶著能量，就像眾生平等一般，只是有層次的高低。

生命就像列車，不停地往前開，死亡只是一個停靠站，卻不是終點站，因爲能量是不會消失的。

在眾多的瀕死經驗談裡，當事者都曾提到離開肉體時會進入隧道，在隧道的彼端有強光，十分刺眼，讓人不敢逼視，甚至不敢進入。時限已到的人，如果很勇敢地進入這個光亮的隧道，就會回到那永恆的家，而這個隧道就是頭頂的窗門。

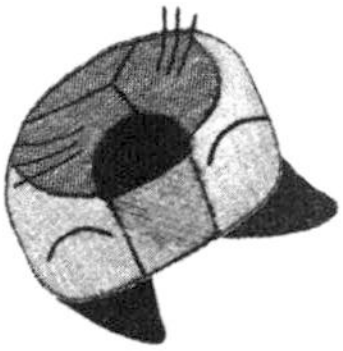

隨著光芒行，回老家休息

人與狗貓在初生時，頂骨的中央部分都尚未完全癒合，摸起來軟軟的，就是所謂的窗門。小嬰兒成長到四、五個月左右，狗貓在兩個月大就會癒合。

靈就是從這個窗門進入肉體，窗門關上了，靈就被封閉在肉體內。當肉體的使用年限到達了，離開的路有三條：頭頂的窗門、肚臍眼及排泄孔。從頭頂原路回去是最好的選擇。但是，因爲久居暗室，當撥開頭頂，光射進來時，刺眼地教人無法張開逼視，甚至裹足不敢前進。殊不知，那是最佳的回家之路。穿越隧道，就是要努力撥開頭頂的窗門，那得費點力氣，需要旁人協助，也就是助唸。心跳呼吸停止之後，還存在著八小時的聽識，這時，簡單的佛號聖語便是指引。

所有的佛號、聖語、咒語、眞言，就像密碼的變頻產生的共振，穿透力非常強，可以打開大自然裡的那部超級大電腦。但是，如果因畏懼那道強光，而跑到肚臍出

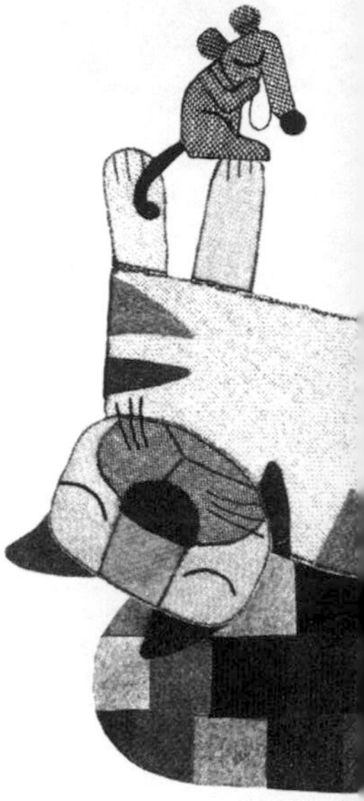

去，這時所看到的是非常熟悉的色界，讓人很舒服，如果沒有指引或制止，就會像水往低處流一般，不由自主地進去，進入新的輪迴。

如果連肚臍眼都不想出去，而往下去，就會到排泄孔，那很糟糕，進入眞正無明的幻界，要提昇是非常困難的。

從頭頂出來的好處，就像許許多多的瀕死經驗裡提到的，當你勇敢地進入那強光之後，來到一個非常舒服的世界，如夢似幻，讓人通體舒暢得不想離開。

原來，這隧道口的強光後頭，所有的高級靈全在那個次元裡。你所深深相信的佛菩薩、主、耶穌、天使、阿拉、原始天尊等等，全在那很高興地歡迎你回家。

回到「老家」，你可以好好休息，將這一世所經歷的一切插入超級大電腦之中，此時，守護靈會與你一同搜尋潛藏在記憶庫裡的資訊，透過螢幕，回顧生前的一切、自我檢討。如果你修的所有學科，拿的都是A^+，那你會受到誇讚，有個很長的休假，在天堂或極樂世界裡度假休息。

善用身，安頓靈

生命在肉體內的活動，不管人或狗貓，不管此行腳本如何安排，演完了就是一個「累」字。

一個十分疲憊的靈，有時會很空虛、茫然，就像曲終人散之後油然升起的寂寞感，這時，他可能不想再堅持一貫的信念，或者突然想要放肆地自由高飛，所以在這關鍵時刻，非常需要協助。

助唸、祈禱等等在非常虔誠的狀態下所共鳴出來的聲波，其能量是非常強大的，常常可以改變某些腳本所安排的最後演出。

狗貓無法吟唱，但是會全神諦聽。這種全神諦聽的表現，讓人不由得佩服。

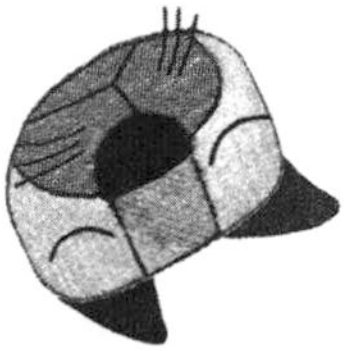

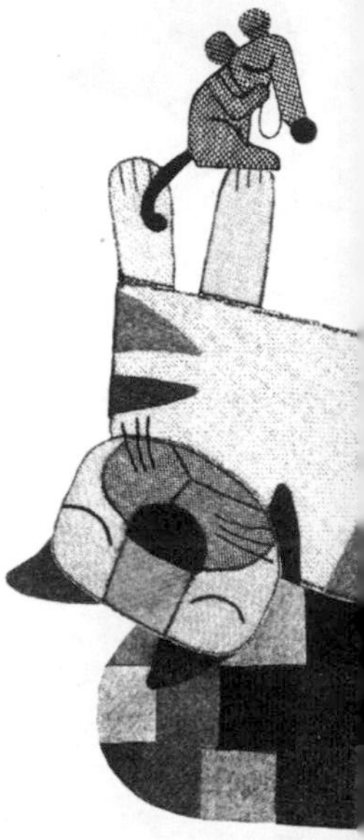

一般人總是對死亡心存恐懼，當然也有不怕死的人，可概分成兩種：一種就是十分精進的修行者，對生死早已了然於心；另一種就是痛苦至極，以爲死亡就可以一了百了，遠遠拋棄所有的痛苦枷鎖，就可以解脫的笨蛋。

解脫哪有這般容易啊！那經過辛苦的十月懷胎而出生，又慢慢成長茁壯，豈不全部白費了！就像好不容易長大了的蘋果樹，歷經風霜而開出花來，如果狠心地把樹鋸斷，這一季就沒有蘋果可以收成了，可惜啊！

自殺也是笨蛋才會做的事，自殺就是逃學，逃避了你該扮演的角色，將來必須重新來一趟再把戲演完。自殺與許多瞬間死亡所蓄積的痛，常常會讓靈很受傷，會銘刻在生命的角落，尤其是自殺的那個狀態會不斷重演，既不能中途插隊說我要再來一次，還必須等到其他演員繼續演完落幕爲止。因此當舞台上其他演員已演完自己的角色，只有你必須重來。

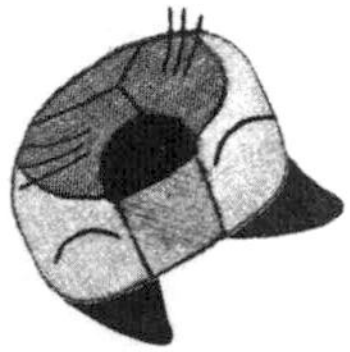

狗貓不會莫名其妙地自殺，卻會以身相殉來替我們加分，所謂殺身成仁，你加分，牠們也加分。

狗貓的生命表現，受限於牠們的形體，這是大自然的遊戲規則。

但是，人們有時候訓練牠們來要寶，卻是扭曲了自然的遊戲規則，是要扣分的。人類喜歡驅使、奴役同類，喜歡征服、掠奪，資本家、財閥一點一滴地搜括平民百姓的血汗錢，有權力的政客以船堅砲利來掠奪其他國家的資源。沒有本事的人就奴役動物，逼獅子跳火圈、教大象下跪起立、強迫熊打拳擊、訓練猴子演戲　　只要人類被扣分，牠們當然沒好處。這跟獻身爲工作犬、輔助犬因爲勤奮工作而博得人們的讚賞疼惜與鼓勵，是完全不同的。

安頓動物的身心靈，多多少少可以彌補過去人類加諸牠們身上的非人道行爲，也是人類的自我救贖、進化的開始。

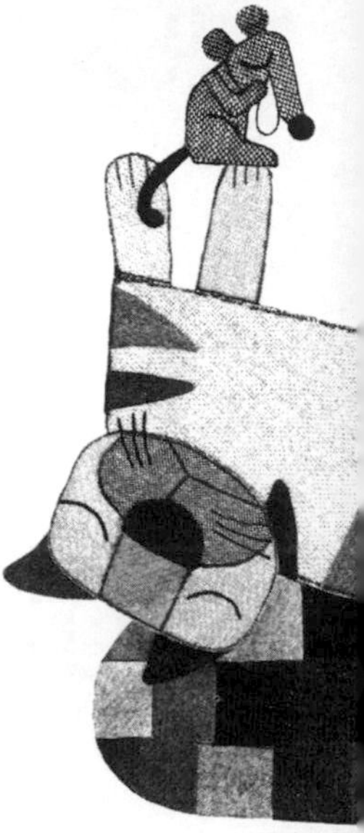

從頭往生，離苦得樂

教狗貓從頭頂出來的威力是很強大的，不僅引導牠們的靈往上提昇，也讓主人們的心緒不至因爲過度傷痛而錯亂。

我讀完《西藏生死書》之後，學得這個技巧，開始應用在狗貓身上，也和長年致力於動物福利的劉大姊分享。一天，她在屏東參加一個研討會，主題是安樂死（這個研討會其實有點愚蠢，居然請外國人來教我們如何給狗安樂死）。

其實安樂死的重點是決定而不是執行，就像法官一定是絞盡腦汁爲罪犯找生路而不可得，只好沉重地判他死刑。執行的方法有注射毒物、坐電椅、槍斃等，都只是很粗淺的技術問題。在國內給狗貓安樂死不必額外學習，只是進行靜脈注射。先注射麻藥，等牠無反應了，再注入毒物，使得牠的呼吸、心跳，乃至神經傳導瞬間完全停頓。

工作人員在路邊找到一隻全身光禿禿的流浪癩痢狗，來示範如何給狗安樂死。

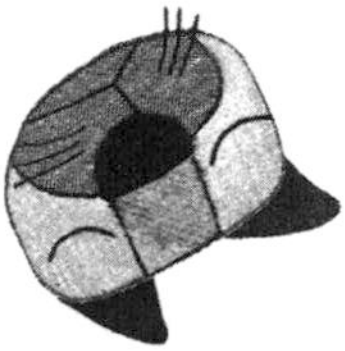

劉大姊在外國人準備給牠注射時，蹲下來，輕輕撫摸牠的頭，要牠記得一定要從頭頂出來。狗兒其實已奄奄一息，卻很鎮定地看著她。同時，劉大姊拿起傻瓜相機拍照記錄。

照片洗出來時，因爲出現粉紅色的光影，劉大姊以爲洗壞了去找照相館質問。老闆看了很肯定沒有洗壞，劉大姊又找了另一家相館老闆請教，得到一樣的回答：「底片沒沖壞，相片也沒洗壞，我沒辦法告訴妳爲什麼，妳看到的是什麼就是什麼。」

我仔細端詳照片，粉紅光呈螺旋狀，從往生的狗的頭部出來，而且蓮花自轉成螺旋狀往上飛。信佛的都知道，乘坐蓮花離開，是佛菩薩來接引。蓮花出汙泥而不染，聖潔無比。

狗居然也可以坐蓮花。

你可以不信鬼神，也可以不必理會超玄怪事。但是，當家裡的狗貓往生時，我們還是祈盼牠們去好地方，不管那是哪裡。總之，我們都希望牠們能夠離苦得樂。

如果那些橫死的動物們，也能被告之從頭頂出來，那麼，這個世界的怨氣就會少許多。怨氣也是毒氣一種，也是讓地球之母無法安寧的最主要原因。人們做環保，只是處理一些有形的東西，這種無形的負面能量，才是眞正的重點。

如果屠宰場的雞鴨牛羊豬，都能得到這個最簡單的指引——從頭頂出來，那麼，牠們的犧牲就非常値得了。

或許你沒看過《西藏生死書》，只要記得將來要從頭頂出來，這個最簡單的、最珍貴的指引，你的智慧已然開始正向的進化了。

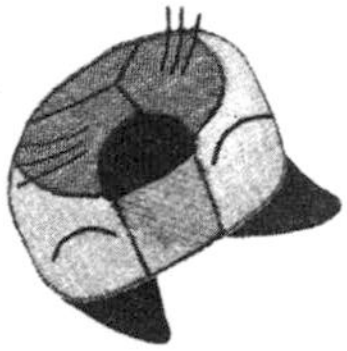

蘋果花理論

死亡不必親身經歷，靠冥想就可以領會，冥想關閉了眼耳鼻舌心，讓「意」去飛翔，用冥想來體會，感受自然更深刻。

大家都吃過蘋果，請問，有幾個人看過蘋果花？

幾乎所有的水果都是先開花後結果。如果花開了卻不凋謝，那水果也就結不出來了。

談其他生物的死，讀者大多能平常心看待，但只要一談到人類的死亡，無人不懼！只是那種恐懼感，如果不好好解析，只會生生世世不斷地跟著輪迴。

人們不知道死了會變成什麼、會去哪，因爲死了的人不會告訴我們那是什麼樣的境界。因而，自有人類以來，死亡一直是陰影，爲了躲開這個陰影，不斷產生各式各樣的信仰，眾人的信仰就彙集而產生了宗教。宗教信仰使人類歷經浩劫，歷經生離死別的諸多魔考之後，還能活下來。

隨著人類思想能力的進化，以及肉體爲了存活下來而經過物競天擇的演化，加上從嘗試錯誤中得到經驗，逐漸以爲人是可以勝過天的。

地球人其實是很幸運的，白天沒了就是夜晚，當火還沒有出現之前，黑夜跟死亡沒有兩樣。

遠古時代的人，慢慢知道黑夜並不可怕，只要一覺醒來，太陽出來了，天地萬物又清晰可見。

遠古人類對死亡的理解，一定比現在的我們還要透徹，因爲那時候還沒有太多的思考活動，所以面對死亡，必然不若今人的恐懼。他們一覺醒來，還有呼吸心跳，想

都不想立刻開始尋找食物，可以說「吃」一直是人類沒有滅絕的原動力。

所以從吃來開始冥想，死亡的來龍去脈就變得十分清晰。

透過花果，體悟生死

我們吃的魚肉一定經過屠宰的過程，所以我們吃的正是新鮮的屍體，連生魚片也不例外，只是有無烹煮料理的差別罷了。

蔬果雖然離開樹，離開土地，仍然蘊涵生機。水果核裡的種子、一小截的空心菜、地瓜藤，將它們埋入土中，又可以長出新的果樹、空心菜、地瓜與地瓜葉。所以，死亡與新生是聯結在一起的。

當然也有人質疑，植物也有生命，素食者豈不也在殺生。其實，這個疑惑，只是對生物學不夠瞭解罷了。

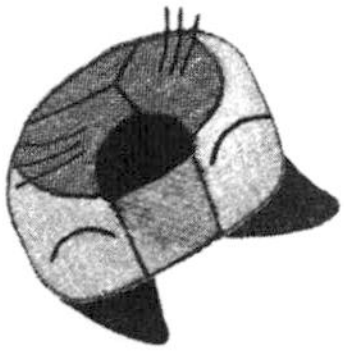

植物開花結果的目的就是要繁衍後代，鮮艷的花朵吸引鳥與昆蟲來幫助傳粉授精而得以結果，果實則熱烈歡迎飛鳥動物來摘食。如果沒有被鳥類與動物摘食，果實只好落在樹下，也許也可以萌芽，但是要長大十分困難，因爲躲在大樹下，陽光不足無法進行足夠的光合作用。被摘食甚至被運往遠地販售，它們就可以在異地萌芽茁壯，版圖就會不斷擴大，而不至於絕種。

花果最歡迎人類，因爲人類爲了嘗鮮會給它們雜交改良，等於是在協助它們演化。同時，透過它們的犧牲奉獻，居然可以協助人類體悟生與死。

當你看見一顆水果，準備咬下去之前，先想想它是怎麼來的，上帝賜予的、老天爺給的、自己花錢買的、朋友送的都行，至少它一定是從樹上摘下來的，抱著感謝的心。

先得種下水果的種子、抽芽、澆水、施肥、修枝，然後開花。風來了，蜜蜂蝴蝶幫忙播粉。花謝了，配合著適量的陽光、雨水，果實慢慢長出。

花如果不死，果實就永遠長不出來。

吃吃喝喝，生死輪迴

任何時刻，任何地點都可以練習死亡的冥想。

坐在木製的椅子上，你輕輕地撫摸它，也許它是原木，也許是夾板。你可以想像那些有數十年齡的大樹被砍了下來，經過鋸木場初步裁製，然後到傢俱工廠，經過師傅們的巧手，終於來到我們的生活中。

我們知道，有機物都有碳原子，碳原子可以組成堅硬的鑽石，也可以組成柔軟的肉體，我們身體裡不知有百千億的碳原子。

這些碳原子，因爲質量不滅的原理，有可能來自幾千萬年前的恐龍身上，或者熱

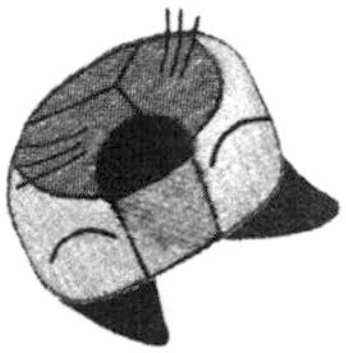

帶雨林中高聳入雲的龐然巨樹。在大氣層保護之下，這些原子不斷輪迴，組成山水樹木、各式動物，甚至經過種種的天災，深埋地底幾十萬年，成爲煤碳與石油，成爲當今的能源。當然，這些碳原子，也有可能來自我們前世的肉身、我們累世的父母身上。

所有的宗教，對於生死都有十分明晰的敘述，不管你相信或不相信，生死是十分透明的，輪迴也不是佛教的專利，如果沒有輪迴，天堂恐怕早已擁擠不堪。資源回收的環保作爲就是輪迴，讓沒用的東西，死而復生變成有用的東西。佛家的高明，就是用簡單的觀念貫穿千古，依舊歷久彌新。沒有宗教信仰的人對於死亡，都會有原始人一般的恐懼與迷惑，因爲死亡之後是何等光景，從來沒有任何一個死人可以活過來告訴你。

服膺理性的人必須承認，死亡始終與我們同在。就像蘋果的花謝了，蘋果才長得出來，讓我們唇齒留芳；動物死了，貢獻牠們的肉成爲人類的食物來源之一。我們在吃吃喝喝的同時，就是各式各樣的生死輪迴。當然，如果你每一刻都如是冥想，日子會過得十分驚悚。

我只希望，讀者偶爾就這麼想一下，你一生中至少要這麼嚴肅卻又輕鬆地冥想一回。這種冥想的修練是很健康的，殊不知，不這麼經歷一番，人生就不那麼踏實。

掙脫「習慣」的羈絆

呼不出氧氣的花草樹木就是死了，吐不出二氧化碳的動物就是亡了。

一部車突然熄火、無法發動，不盡然是整部車的內部結構都壞了。也許，只是它累了，就像我前面提過的，血液生化檢查都沒什麼異樣，狗兒卻走了。

死亡帶給人們的恐懼，說穿了，常常是因爲措手不及，因爲完全沒有想到，心底毫無準備。太突然，讓人無法承受，常常就是無語問蒼天，要不，就是怨天尤人。

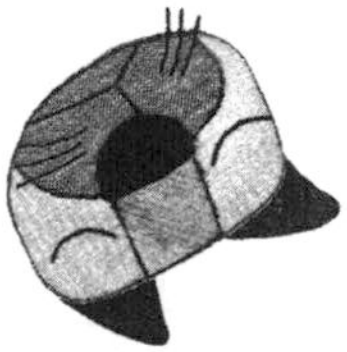

其實，不過就是習慣罷了。

我們習慣有狗貓在身邊，一下子沒了，當然悵然若失，我們所無法忍受的只是習慣突然被毀了。我們習慣下班回家，狗兒高高興興地來迎接我們。寒夜裡仍在努力敲電腦，貓兒靜悄悄地跳上來，一個溫馨的摩蹭，讓你欣然笑納。我們只是習慣於我們自己的需求，卻忘了牠們不是摔不壞的玩具。牠們跟我們一樣吸氧氣呼二氧化碳，有一天，就熄火了。

死亡的冥想，會慢慢地讓你透視諸多事與物的存在，不過就是習慣罷了。我們出門，習慣揮手一招小黃就停在眼前，有那麼一天石油沒有，也就沒有那麼方便的小黃了，因爲石油終有用光了的一天，那時候如果新能源還未發現，我們就只好回到燭光時代，出門靠自己的兩條腿。

我們得隨時想到，「習慣」常常羈絆著我們。有那麼一天扭開水龍頭，居然沒有

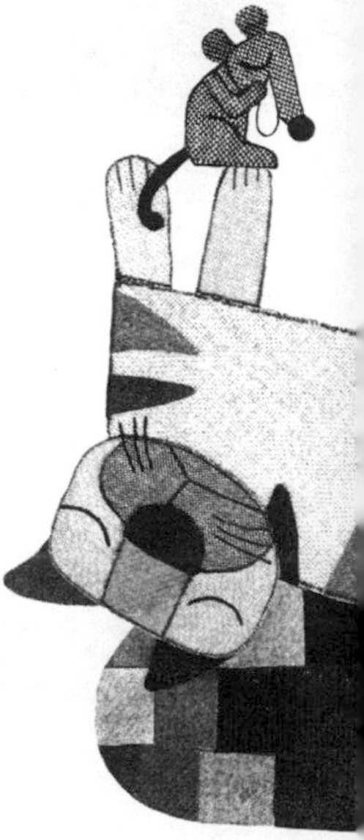

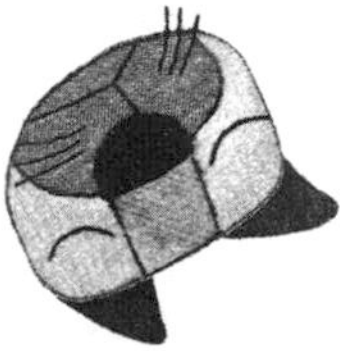

一滴水。或者再來一個九二一，沒有電的日子，事先沒有心理準備，浩劫臨頭，當然會瘋掉。

鮮豔的玫瑰、香氣四溢的百合終究會枯萎，因爲你知道它們終究會凋零，所以一旦凋謝，就會很自然地、不加思索地把它們丟到垃圾桶。

死亡的演練，會讓你設想到最糟糕的狀況，不過，就是如此罷了，同時，我們卻還能記得它們的豔麗與芬芳。

心理助人工作者不妨多多運用這個蘋果理論，去安撫那些即將經歷死亡仍舊恐懼甚深的病人和家屬。當他們坐在你眼前開始訴說，到了一個段落，拿出一顆蘋果，請問他們蘋果的前世是什麼，蘋果花又是何等模樣。當他們開始用心思考時，就簡單地告訴他們，花不謝，蘋果是長不出來，就像一粒稻子不死，就無法長出一大串的稻米。

一顆蘋果，常常可以敲碎那死亡的夢魘。

儀式的精義

我喜歡把高麗菜的菜心擺在小盤子上，加點水。

那些菜心就是我們摘下了高麗菜的葉子，烹煮而吃之，剩下那個不能吃的部分，我們常常都是隨手扔了，可是如果把它們擺在淺水或是濕土上，它們會繼續發出嫩芽，十分翠綠。等到菜心所殘存的養分用光了，翠綠的嫩芽也就隨之枯萎。

面對死亡的所有儀式，正是如此。合宜的儀式，可以讓往生者發出新鮮的翠綠。這個短暫的翠綠，就足以填補那失落的空寂。

腐朽是可以化為神奇的，端看你的巧手。

修行不是那麼艱苦，修行就在日常生活中。無法單盤或雙盤，無法一呼一吸的呼

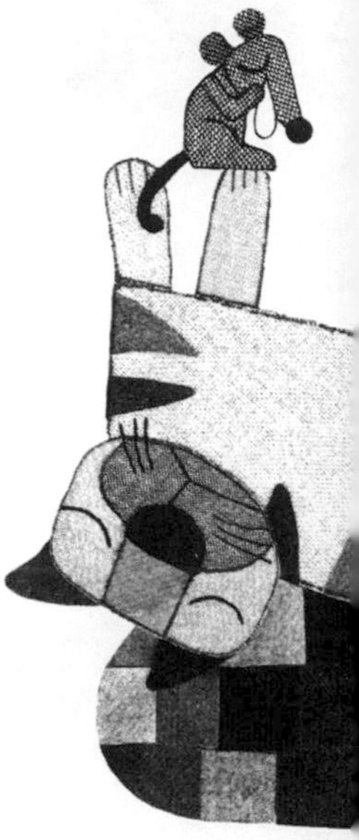

息，你還是可以修行。

靜靜觀看著那嫩芽慢慢、羞澀地冒出來。死亡，從來就不是那麼悽涼，因爲只要無數的生長點之中有幾個沒有被破壞，它們就會努力竄出生命力。

不要小看那些毫不起眼的蘿蔔頭、高麗菜菜心，擺在淺水裡，它們還是生生不息的。無限的智慧，就在那麼一點點殘存在回收的廚餘裡。

利益雙方的儀式

廳堂裡，香煙裊繞，佛教徒一同頌唱；尖聳的教堂裡，聖歌讚頌中，穆斯林誠心誠意的淨身、垂跪，盛讚阿拉眞主；原住民手牽手，繞者熊熊火堆吟唱、手足舞蹈……眾人就這麼集體被催眠，心也不由自主地安靜下來。

這些集體催眠，可以讓身心停頓、讓靈自在飛翔，與天地萬物合而爲一。

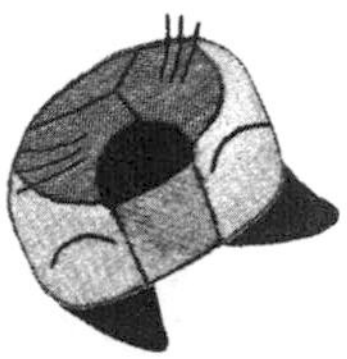

儀式是十分重要的，儀式不只安頓了靈，讓靈有個好去處——這個靈包括往生者，也包括還活生生呼吸著的人們——更舒坦了身心，讓一切的牽掛思念、悲悲喜喜，有如大江東去一般注入漫長的時間洪流中。

往生前，狗貓需要儀式，因爲儀式可以利益主人。當主人十分恭敬、十分慈悲，而不是哭鬧不捨，牠們的靈就可以安息。

往生前那不斷的祝禱，可以指引狗貓放下最後的牽掛，安安穩穩地從頭頂的窗門離開，向著強光勇往直前，因而回歸本眞。

沒有任何一個宗教曾立下軌儀來安頓動物，畢竟古老宗教的衍生，旨在安頓人心。然而，我卻在藏傳佛教中，找到了往生被與金剛砂。

金剛砂來自恆河，有人稱之金剛明砂，經過高僧大德的頌經持咒祝禱，注入無限的歡喜心，它的神奇也不下佛教徒所奉持的大悲水。

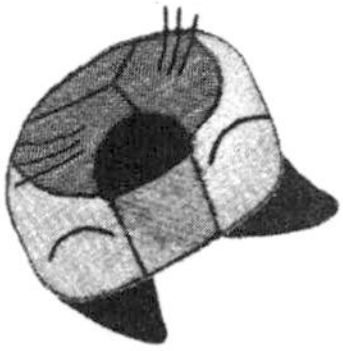

往生被，又稱陀羅尼被，黃絲巾，印有諸天古佛聖號睿智咒語，其加持功能，恐怕沒有人敢懷疑。

我有幸得了一些諾那華藏精舍所供養的金剛砂及往生被，在沒有儀軌可遵循之下，我給了動物臨終往生一個十分簡單的儀式。

黃色，是我們的眼睛最能感受的顏色，因爲黃光的穿透力最佳，所以常常成爲帝王的顏色，所謂的黃袍加身。金子正好是黃色，所以稱之爲黃金，自古以來都是人類的寶貝，也是全世界都通用的貨幣，上通九重天，下達諸有情。

當狗貓即將往生，將往生被披蓋其上，可以暫時讓牠們的冤親債主卻步，讓牠們的靈可以往上提昇。當牠們提昇到可以去佛菩薩那裡好好修行，修行到一個更高的層次，就可以去普渡牠們的累世冤親債主，讓他們開智慧，放下執著。

任何人與動物，只要可以讓累世的冤親債主得到提昇，累世所造的業，不論善業、惡業，就全部可以轉化成慧業。

蓋上往生被，開始唱頌最簡單的聖號，也可以用念佛機，在牠們的耳邊小聲地不斷播放，讓牠們尚未消失的聽識，很專心地跟著稱頌，這樣，牠們就會一心不亂。

越簡單的聖號，牠們越容易跟隨，畢竟牠們這一世是動物，無法稱頌太複雜、太長的開智咒語與眞言。我們可以在牠們的耳邊不斷地稱頌佛號，同時要牠們一心不亂地跟著稱頌。即便無法字正腔圓，至少也要一頓一頓地跟著打拍子，就像在敲木魚一般。

通常牠們會十分開懷地靜靜地慢慢停止呼吸心跳，接著牠們會大聲長歎，往後仰再頭點地。

親身爲之，謙誠祝禱

當同伴動物往生了，可以仿人所用的金剛砂，點少許在牠們的頭頂、喉頭、心臟以及四肢關節。

八小時的不移動，號稱可以讓地水風火的解析過程順順當當。然而不是所有的狗貓都可以那麼幸運的安享，例如手術中、車禍時的往生，不加以移動是不可能的。移動的本衷是不讓他人麻煩，否則牠們會被扣分。試想，手術台可能馬上要進行下一個手術，霸佔了八小時，可以救活的其他眾生卻因此被拖延，一樣會被扣分。車禍往生時，可能血漬滿地，不移開而加以清洗，可能立刻召來蒼蠅，甚至讓路人心驚膽顫，這也是要扣分的。如能找得塔香點燃更好，因爲塔香可以淨化磁場。

如果，在高速公路上看到狗貓的屍體，正在高速行駛中是無法停下來替牠收屍的，這時只要誠心替牠們祝禱，效益同樣廣大。

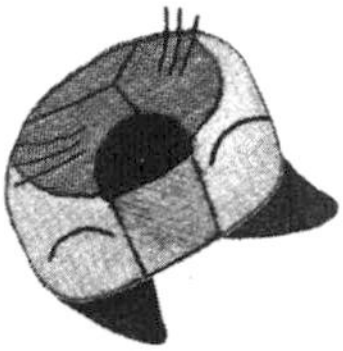

往生的狗貓送去焚化之後，我希望主人們可以持續四十九天持誦往生咒，對牠們有利益，也可以開智慧。因爲往生淨土神咒，本來就是用來開智慧的。當然你也可以稱頌玫瑰經，只要是你所熟悉的，都有助益。

在臨終時敲敲牠們的頭頂窗門，讓牠循聲辨位知道要往頭頂出去。

有些人會焚檀香或是點精油，其實都可以，因爲這樣你才安心，那就儘管去做。因爲你的慈悲，牠們早已不在畜生道輪迴，因爲你安心，牠們就放心。把心輕輕地放下，牠們自然可以往生善趣，甚至就脫離了輪迴之苦。

四十九天的持往生咒，常常比給牠們做法事更有功德。因爲許多法事，就像平時沒得吃，趁著大拜拜好好吃一頓。這一頓之後的下一頓呢？持續四十九天不間斷，所有的思念與不捨自然慢慢淡化。

需要替牠們做七嗎？只要你認爲有需要就去進行。替牠們立牌位，則不見得必

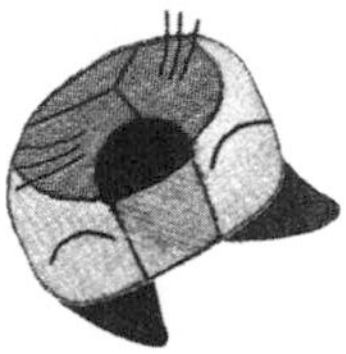

要，因爲牌位不可能立永久。立了，你知，子孫卻未必知。當我們也去了，牌位靠誰來供著呢？不過就是多個牽掛，終究是不圓滿的。

如果，你曾經草草了事的，沒有好好替牠們善終，懺悔吧，懺悔的一瞬間，牠們立刻感應到，不再成爲孤魂野鬼。接著，你想好好補償，就盡心去做。

儀式首重親身爲之，心中的謙誠，比找些高僧大德的頌經還有意義，因爲，高僧大德終究與牠們不相熟。花了錢，功德未必高。誠心誠意的稱頌，每唸一句，你就加一分。《地藏經》裡就講了，助唸的功德，以七分而言，往生者只得其一，唸者自得其六。這也是爲何助唸需要多些人，這樣功德才會俱足，往生者才能得益。

簡單的儀式，是牠們讓我們加分的機會，因爲各修各得；你可以加分，牠們當然更能加分。

請用一分清淨心，替自己開智慧吧。

爲什麼要樹葬？

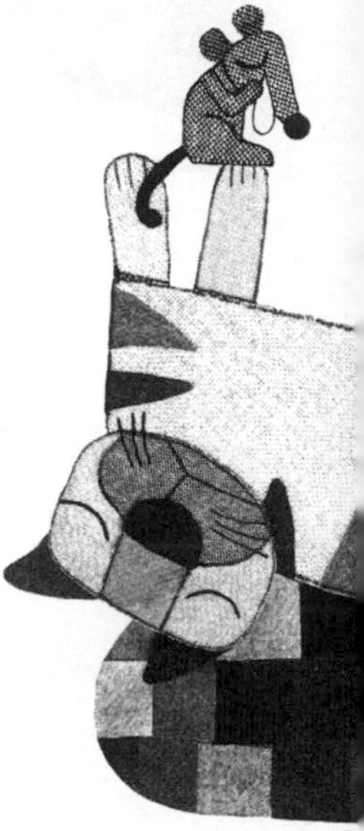

地球供養了我們，也供養了動物們。當我們不再需要大地之母供養時，唯一能回饋的，就是讓焚化的餘燼作爲一點點的肥料，讓大地不那麼枯老。

樹葬就是將燒出來的骨灰磨成粉末，直接在樹下挖些泥土，混合了埋回去，讓樹木多一分滋養。

樹木正是大地之母的頭髮，繁茂的頭髮讓大地之母寬慰，就如同有繁茂的頭髮，讓人自信十足。人們禿了頭，總是想法子遮掩。尋求各式方法，就是希望不要「頭頂無毛，辦事不牢」。地球不要禿頭的心念，跟人們不要禿頭的心是相通的。讓大地禿頭，是不道德的。

自古以來，人類從來不曾做過眞正有益地球的事，即便現在的環保、生態保育，重點與最後的目的，也只是希望人類不至於絕種。而人類擔心滅絕的原因，主要出於人類是所有的生物界中的頂級消費者，從來只是掠奪，而無絲毫的貢獻。毫無貢獻的員工，卻又坐領高薪，沒有哪個當老闆的可以忍受的。

萬物之靈，傷害最甚

講個大家都知道的簡單現象吧，到目前爲止，雖然德國的專家揣測，古老森林所釋出的甲烷可能也是破壞大氣臭氧層的凶手之一，然而，現有的主流認知，二氧化碳過量恐怕還是主要原因。

所有的哺乳類動物其實都是二氧化碳的製造機，而且是二十四小時不停止。植物正好相反，白天經由光合作用呼出氧氣，到了夜晚才吐出二氧化碳。

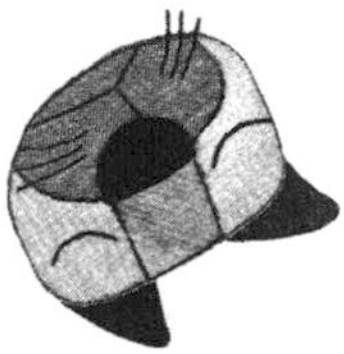

大量的二氧化碳除了堆積在大氣層中、造成溫室效應，也沈澱溶解於海洋裡。魚類也靠氧氣過活，過量的二氧化碳溶在海水中，魚類的數量只會日益減少。

海洋魚類會逐漸減少的另一原因，是牠們得靠淡水河川沖刷而來的無機鹽存活。現在的河川，因爲各式各樣的水壩阻擋，無機鹽於是逐年減少地流入大洋。

生態學家早已預測，中國大陸的三峽大壩建成，長江水量會銳減，將來中國大陸東岸的海洋中的魚種與魚量必然越來越少。

魚獲減少，人類勢必要更依賴陸地上的經濟動物，以提供動物性蛋白質的來源。尤其是地球人口已突破六十一億，爲了養活這麼多人，除了廣種米麥雜糧，只得蓄養大量的經濟動物，野生動物的數量日益減少，牲禽卻有增無減。

爲了養活這群雞鴨牛羊豬，必須增產牠們的食物，例如黃豆、玉米等，這些作物的栽種需要大量的日照，所以擴張耕地的最簡單的笨方法就是摧毀森林，因爲它們高

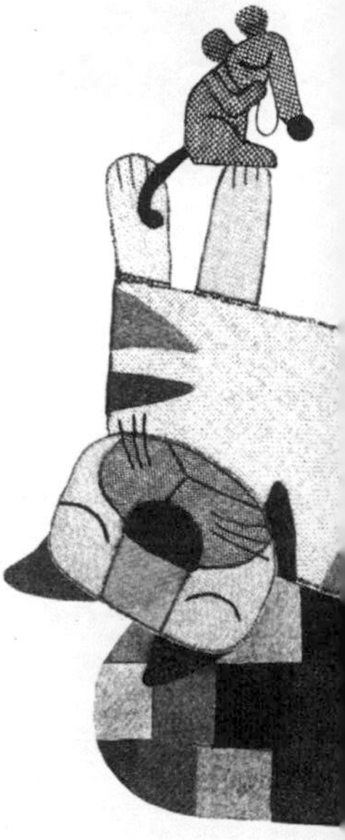

聳入雲擋掉了大量的陽光，使得粧稼無法存活。

一甲草地，一年只夠養活三頭牛，一頭肉牛必須養滿三年才能上市。換句話說，吃牛肉是十分不經濟的，以神戶牛排來說，一頭神戶肉牛只能做出六客神戶牛排，只夠六個人吃一餐。如果這一甲地改植稻米雜糧，可以養活的絕對不只六人。爲什麼說人類是頂級消費者，就是這個道理，因爲我們從來都是耗費最多資源的掠奪者。

地球生病了

人類與動物其實是寄生在地球上的，可說都是地球表面的病菌。

地球爲了要擺脫這些過量病菌，三五不時打冷顫，引起地震海嘯來擺脫這些病菌。再不行，就是生出瘟疫，或者使人類自相殘殺，或讓動物界弱肉強食。

可是近代醫藥發達，瘟疫起不了大作用。以SARS來說，全球頂多少了五千人。

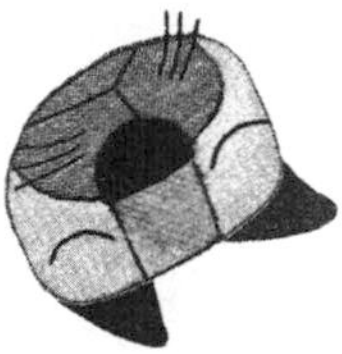

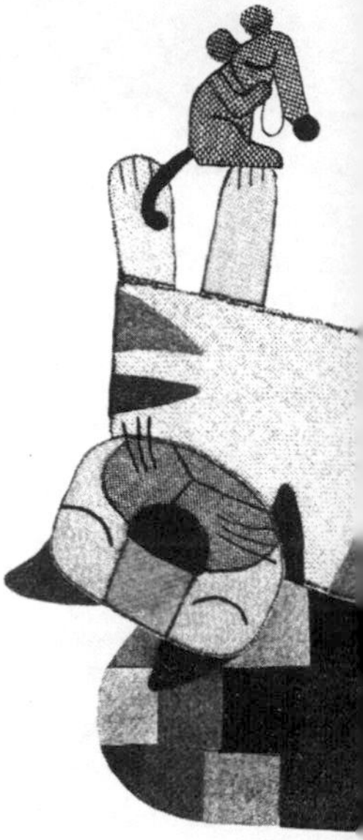

再看戰爭，大量的毀滅也沒有遏止過人類與動物的大量繁衍，所以大地之母乾脆引發許多慢性病，讓人們長期在磁波輻射的影響下慢慢凋零；再不行，就是讓精神方面的疾病越來越多。讓地球的病菌，自己慢慢地萎縮、敗亡、消失。

我們講大地的反撲，語意裡，彷彿地球攻，我們守；更精義的精神應該是放在如何回饋大地，因爲減緩損傷仍然抑遏不了大地的嗚咽。

抑制人口成長勢必引發老齡化的社會困擾，老齡化會造成醫療保健的排擠效益。追求健康長壽是主流意識，是否會與地球所能承受的臨界點有摩擦呢？

主流意識也在演化，像日本醫界正努力宣導將癌症視爲慢性病的想法與作法。國內也逐漸有這種認知，人人害怕的癌症，透過醫療科技的進化，已經不再全然是無藥可救的絕症。

我相信醫療的主流意識，應該奠基於地球的利益而開始演化。這無關進化或退

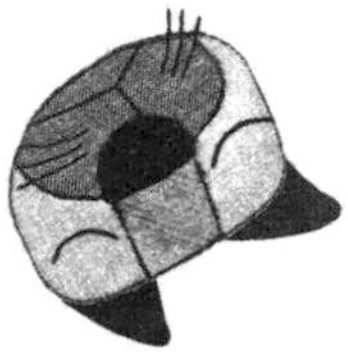

化，因爲地球就這麼一個。

當然，人口問題牽涉到文化、道德，也牽涉到社會家國的命脈，作法一直在演變。早期的農業時代需要人力，所以大家努力增產報國。進入輕工業時代，人力過剩，於是有了「兩個恰恰好，一個不算少」的口號。現在資訊網路時代，少子化將演變爲嚴重的社會問題，許多地方又開始獎勵多生幾個　人類恣意的作爲，常忘了地球也有發言權。

過度的膨脹，包括科技、人口，對於地球只有損傷。許多單一的價值標準持續左右人類，包括：追求卓越，領先群雄；模特兒纖瘦的身材才是美好的身材；要生活得更安逸更舒適；資訊垂手可得，極其便捷的交通；豐功偉業，青史留名；速食化的邏輯思維；外在更甚於內涵等等，這種膨脹短期內很難遏止，每一樣都是一把利斧，不斷地拙傷地球。

唯一的補償之道

這是我鼓勵樹葬的基點：樹葬是完完全全回歸大自然，結束這段因緣。如果住家附近沒有空地，也可以用家裡的盆栽，搬家時還可以帶著走，減少牽掛。佛家說過：萬般帶不走，唯有業隨身。人與動物的屍體，完全焚化之後剩下的骨灰，大約都是鈣粉，對大地不但無害，多少還可協助植物生長，至少是人類在臨死之際還能還給大地的，回饋一些肥料。

土葬習慣於找好風水，好風水常常就是好山好水，也常是水源區，一旦持續被污染大地的屍骨所佔據，越來越多的後代子孫，將來恐怕眞的就無立錐之地了。

最近，科學家就警告了，地球暖化已達到臨界點，也就是說，地球的暖化已經開始，剩下來的只是速度問題。所有的動作都太遲了。當地球開始暖化，保護地球的大氣層恐怕逐漸稀薄，這時太陽系裡無處不在的大小隕石，直接撞上地球的機率漸大。

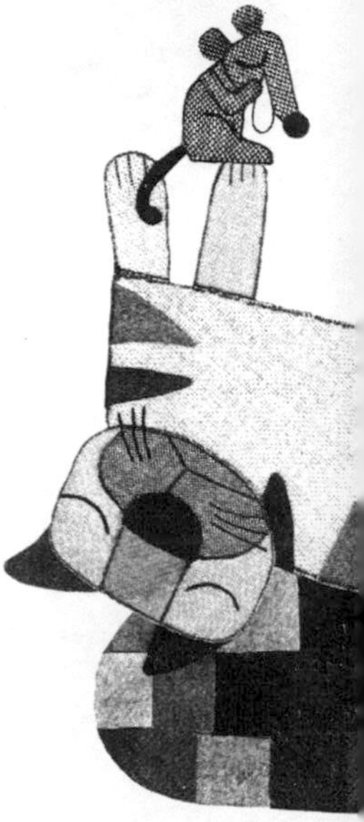

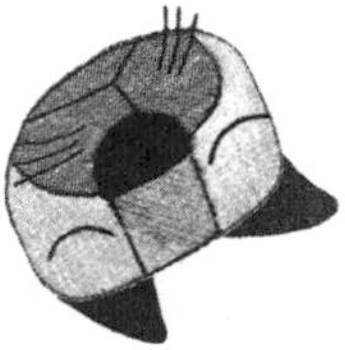

當年的月球就是這樣形成的。未來，月亮恐怕就不只一個了。

佛經裡最有價值的兩樣寶貝就是「懺悔」與「成住壞空」。

「成住壞空」就是宇宙演化的程序，這時正好是地球處於「壞」這一步，接下來是空，也就是毀壞了，就虛空了，什麼都沒有。唯有懺悔，懺悔是起心動念、減少業障的第一步。

我們無法改變「壞」的進行式，卻可以用懺悔來安頓那焦慮虛無的心。首先，就是向大地之母懺悔，同時以微薄的肥料來滋潤大地，這就是樹葬的眞諦。

至於這等回饋，這等不再踐踏，究竟成效如何，究竟能減緩「壞」的速度到如何，不是你我可以知道的。

樹葬就是唯一的懺悔，唯一的補償。

正視安樂死

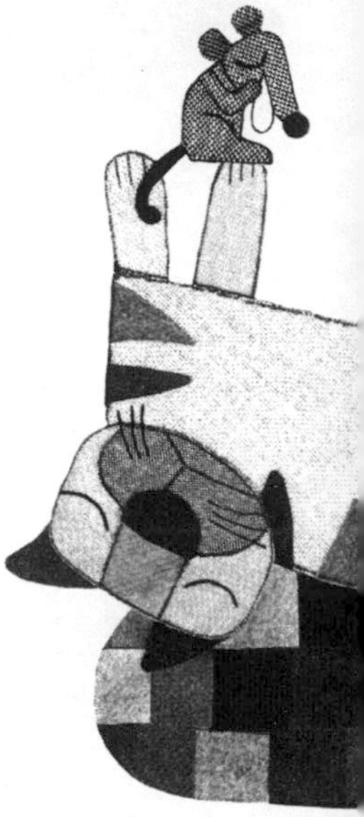

極大多數的人都以爲，給狗貓安樂死，不過是給牠們打一針。這等念頭就像衣服過時了，鞋子穿膩了、玩具壞了、電腦舊了，扔掉就是。許多人怕同伴動物惡化、怕牠們痛苦，所以希望一針結束，這種情形非常普遍。有人是經濟能力有限，無法負擔醫療照顧的費用。更有人覺得牠們看起來十分可憐，不如早早替牠們結束，好讓牠們早早超生…。這麼輕而易舉的動作，日後很可能一輩子都在懊惱，當初的決定是否錯了，是否有些草率。

教科書裡不斷提到可以給予安樂死，卻沒有教獸醫師如何安撫狗貓的主人，因爲，寫書的人秉持制約化的科技論，認爲，那是心理學家、社會學家的事，無關醫療技術。其實，安樂死跟到加護病房裡拔管、關掉心肺輔助機器一樣，是何等慎重、何等艱難。

執行很容易，做出決定卻最難。

如果以決定是否拔管的心情來面對狗貓的安樂死，那誤失就會減到最低。就像突然拔掉電源，而你仍在電腦前敲鍵盤，請捫心想想，那種沮喪簡直如喪考妣，沒有人喜歡這種感覺。同理，所有嘗試都已努力過，所有的後事都已安頓好，這時決定拔管，心底只有解脫而沒有遺憾。

醫生們最不喜歡給動物們安樂死，非不得已時，也必須是在三個條件之下：

一、具有高度傳染性，而且完全沒有治癒的可能。

二、慢性病的末期，已經無法進食，而且不斷地大聲哀嚎，嚴重製造噪音，危及鄰居安寧。

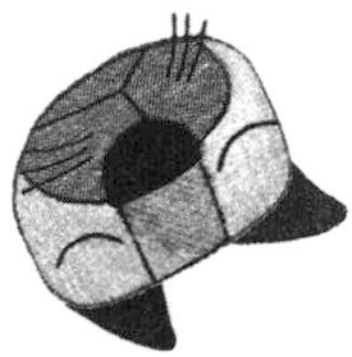

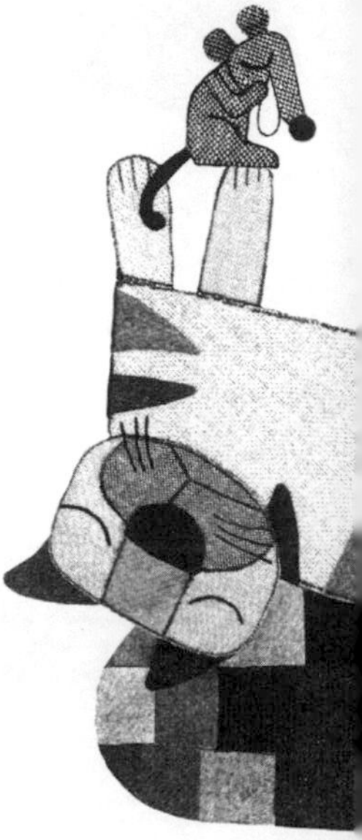

三、已經瘋了，有極其恐怖的攻擊行爲，連主人也無法倖免。

終須一別，不逃避

二十年前，有位外國傳道人娶了台灣太太，生了兩個小孩，收養了一隻流浪狗。後來因爲要被派往巴西，上級單位不願負擔這隻狗的運輸費用，而他們也不願隨便送人，於是懇求我替牠打一針。

我百般不願意，卻也無奈，因爲醫院裡早已收容客滿，那時候公私立的收容所還沒出現，在沒有任何出路之下，我給那隻八歲大、健康的黃色米克斯混種狗打了一針。

然後，每個人都進來跟牠道別，兩個小孩哭得很壓抑，太太也很無奈地紅了眼眶，在當下，我沒有太多的感覺，那時候還年輕，只有對與錯的直接判斷，照著教科書做應該錯不了，就像法官判案，根據法律條文與眼前的事證，不能有個人的價值觀與情感因素。

結果我後悔了很久，至今才釋懷。我相信牠是肉身菩薩來提醒我：千萬不可輕易給狗貓安樂死。

有些人所持的理由，口頭上說是怕牠越來越痛苦，其實只是自己在躲、在逃避，他們沒有把握可以熬到必須說再見的時刻。

曾經，有個英國婦女聲聞我收容流浪狗，特地來找我，結果看見狗屋裡一隻半個頭長滿腫瘤的老大麥町，一再說不要讓牠再受苦，趕緊替牠打一針。

我沒答應，她又不是醫生。這隻狗十分安靜，乖乖地吃喝，乖乖地睡，從來不曾給我添加任何麻煩，多養牠一隻，完全沒什麼負擔。牠的腫瘤之大，即使手術切除，勉強縫合，必定會扯緊上眼皮，無法闔眼睡覺。可是牠能吃、能喝、行動正常，不知犯了哪個天條，必須讓牠提早離開人世。

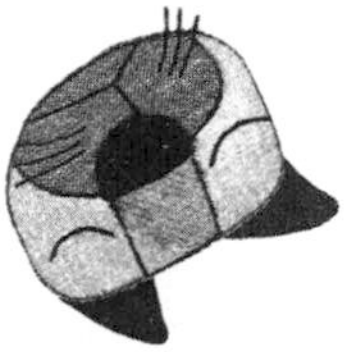

如果那位婦女的神、她所受的教育，讓她這麼認爲，我不由得要想，她的神及她所受的教育，似乎太膚淺了！外國人最愛講人道，她覺得我不人道。我倒覺得，她沒什麼大智慧，頂她一句：無期徒刑可以改判死刑嗎？你們不是在大力鼓吹廢除死刑嗎？——碰到無知的人，請記得給他們一個金剛吼。

想想如果牠是一個人，價值判斷的標準又在哪呢？

這世界上有多少顏面或四肢殘障、卻活得十分自在的人，我們碰到他們，除了祝福就是加油打氣。可有任何人覺得他們該死，只因爲我們認爲他們一定活得很痛苦?!

面對人一個標準，面對狗貓卻又另一個標準，這就是人類的無知。

假使你深信牠們是來畜生道受罰受苦的，牠們必須全程走完，我們卻提早替牠們結束了，那麼未完的刑期，牠們就必須再回來，或許就得化爲蟑螂、蚊蠅等被人厭惡而消滅。

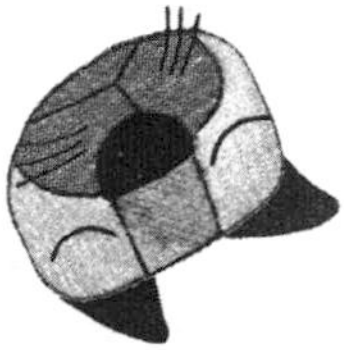

如果你自認慈悲，希望牠們早早結束畜生道，然後給牠花錢做法事，討好牠們累世的冤親債主，請牠們大吃大喝一頓，放過牠們，讓牠們再投胎轉世成爲人，這又是另一個無知！花大錢做法事，就像辦個大拜拜一樣，三五年或是一年，就吃這麼一頓，那其他的日子呢？飢寒交迫依舊嗎？說穿了，是你又得到一個暫時的心安罷了。

累世的冤親債主，如果這麼好打發，天底下再也沒有悲劇了。悲劇未必是悲劇，如果牠們透過這麼一個過程而得以重生，悲劇其實是喜劇。喜劇不是只會讓人無知的開懷大笑，眞正的喜劇是讓人含著眼淚，帶著微笑。

勇敢面對，了無遺憾

我不斷提醒讀者，同伴動物們是伴讀書僮，是我們的共修，就像我們的父母兄弟姊妹、夫妻兒女一樣，共修就是要彌補我們的短處，增長我們的智慧。

也許，你從來沒有碰過生離死別，那牠們是以自己的肉身在告訴你，究竟是怎麼回事。有人不敢輕易地拔管，是因爲根本還沒準備好，不知道拔了管接下來該怎麼辦，就不過是個逃避、拖延罷了。

但是我也常常用這種拖延戰術，讓主人們從驚恐、絕望、手忙腳亂之中，慢慢沈靜下來，讓牠們慢慢地、完整地呈現生命的有限與人生的無常。無常本來存在，只是人們常常沒機會，也沒膽子去理解它。

這個瀕臨死亡的過程是最重要的生命教育，沒有福氣的人，還不一定可以碰到。

整個地水風火慢慢解析的過程，沒有所謂的痛苦，只是在提昇靈的演化進階。即使動物必須安樂死，我們必須非常冷靜地告訴牠們理由，告訴牠們，我們眞心誠意地要幫助牠們脫離苦海。希望牠們好好睡一下，然後從頭頂出來，遠離這個臭皮囊，進入強光，好好享受那充滿無限喜悅的世界。告訴牠們要找到主耶穌、上帝、天使或是

佛菩薩，跟著指導靈好好走，不可以再亂跑。而且在一路上，如果看見任何像孤魂野鬼似地到處亂飄的同類或者異類，要勇敢而歡喜地帶領牠們，尤其是那些橫死在街頭、荒野，或是屠宰場的，不知自己已經往生的孤靈們，要牠們好好跟著自己走。祝福牠們、鼓勵牠們，請牠們在另一個世界一樣要繼續用功學習，好好加油。

每當替那些不斷哀嚎抽搐的狗貓打一針之後，看著牠們平靜下來，心中沒有悲喜，只有平靜。同時充滿感恩，感謝老天爺又讓我當了一次公正無私的法官。

通常，主人們也同時得到解脫。雖然難免會哭泣不捨，卻可以很快地平撫下來，然後十分理性、鎮定地跟我握手，很快地恢復作息，繼續上班上學，因為這一切都在非常莊嚴的氣氛下完成，只有安慰，沒有遺憾。

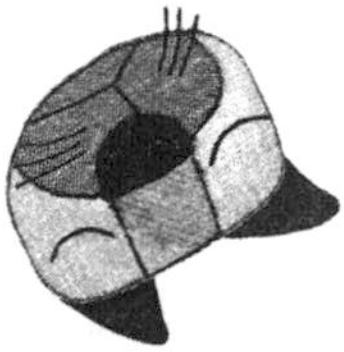

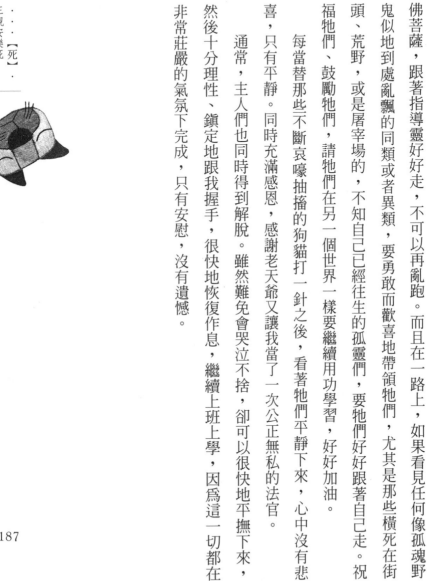

舍利言說

舍利就是屍骨在高溫焚化之下，除了剩下的易碎骨頭之外所殘留的結晶，可分成舍利子與舍利花。舍利子是形形色色的結晶，形狀不一。相傳，誠心供養，它們還會生出新的舍利子。舍利花正如曇花，白綠藍紫，顏色不一，一兩年之後會風化成粉末。

眾多宗教之中，只有佛教提到舍利。

「佛」字，左邊站著一個人，右邊彎彎曲曲的線條，被劃下兩道直線，就是人看著世事曲折變化，被兩把劍給刺穿，這兩把劍就是智慧與慈悲。

「舍」就是房子，「利」字左邊是稻子，右邊一把刀，用刀子來採收稻子。在房子（肉身）裡生長的稻子（智慧），被採收曬乾了再脫殼，就出現粒粒皆辛苦、晶瑩

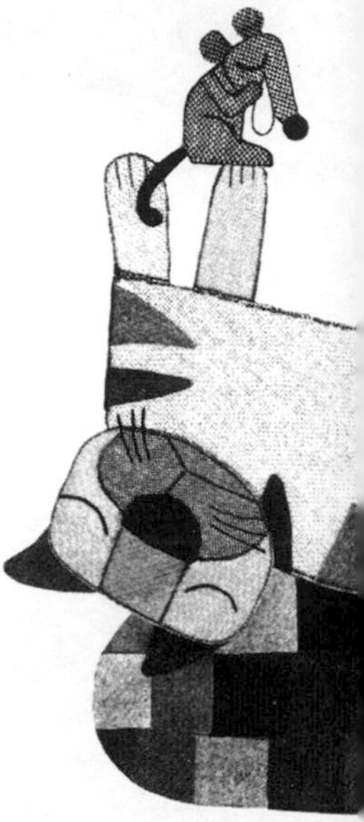

亮潔的米粒，就是耕耘的結晶。

舍利的眞義就是智慧的結晶、修行的成果。

到目前爲止，科學家無法分析舍利子究竟爲何物。其實，如果舍利子可以被分析出來，大概就不是眞正的舍利子了。

眞正的智慧結晶，是無法質量化的。

我只當舍利是智慧往上進化的鑑證，往生西方極樂世界的船票收據存根，舍利子只有在佛經上有記載，充滿了經驗法則，而且並非佛教徒才可能燒出舍利子。

忠實盡職，舍利流芳

洛威那是非常威猛的狗，是黑手黨最酷愛的貼身保鑣。原產於德國，在二次大戰期間，納粹用狼狗與洛威那來協助他們的暴行。

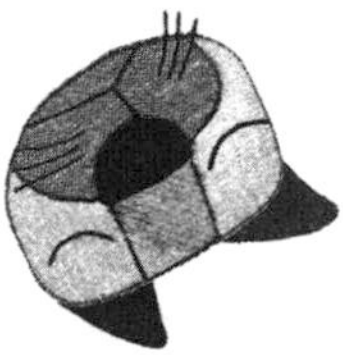

兇猛是洛威那的本性，卻會因爲生活環境而改變，我認識一隻名叫α的洛威那，重達六十公斤，主人是個弱女子，常常騎著小綿羊載牠來找我，牠就乖乖坐在小小的機車上，非常溫馴。主人開了間錄影帶店，牠就隨著主人守在店裡，從來不曾惹任何麻煩，即使客人帶著小狗來，小狗在主人懷抱下衝著吼叫，牠完全不理會；小狗騎到牠身上，牠乾脆四腳朝天隨牠拉扯。

老洛威那生長在天主教家庭裡，卻不曾上教堂做禮拜，只是很忠實盡職地守護家園，十五歲高齡，晚年靠著止痛藥過日子，往生之後燒出四顆圓圓翠綠的舍利子。主人很驚喜，我倒覺得那是當然。

有人認爲那些舍利子很可能是膽結石、腎結石或膀胱結石。

狗貓的尿路結石有四大類，磷酸鈣、尿酸銨鈣、草酸鈣、胱胺酸鈣。第一種最常見，呈白色圓滑，剖開有同心圓，像樹木的年輪，因爲它是尿路發炎所引起，會像雪

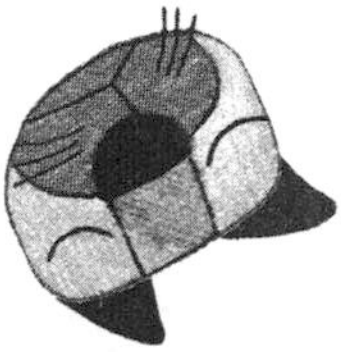

球一樣越滾越大。高溫下，會變成黑灰色的木炭一般，毫無光澤而且易碎。其他三種是黃褐色，本來就易碎，焚化之後更容易粉碎，根本不易找到。

也有人認爲那可能是藥物金屬殘留所致，例如抗生素、磺胺劑、化學製劑及抗癌藥物中的重金屬類。前三種即使殘留都會呈現粉末狀，而重金屬容易殘留在牙齒、骨頭、肝、腦等部位，粒子很細小。像肝細胞中的鉛中毒，其組織切片還先得經歷正常染色過程，才能用顯微鏡看見。有人說會不會是狗貓曾經吞食的堅硬異物?!只是這些異物，必須好運到不引起病痛，否則在X光下早已被發現而手術取出。

我碰過的堅硬異物，有魚刺、大小硬幣、石頭、桃核、龍眼核、縫衣針，雞脖子骨頭、牛骨、玻璃彈珠、耳環戒指、易開罐拉環、相機的軟片、塑膠製的玩具、牙籤、金屬鈕扣等等，不一而足，這些東西一旦高溫焚燒之後，如果不融化，就是約略變形，肉眼是很容易辨別的。

放空一切，智慧結晶

釋迦摩尼佛當年留下了八萬四千份的舍利子，至今還有一些存留各方，佛弟子莫不以能親炙佛舍利爲一生的榮耀，這二千五百年來都不會腐朽的正是智慧的結晶。佛子尊崇還來不及，哪還敢存一絲懷疑與不敬。

世尊留下了全身的舍利，至今，仍舊孜孜矻矻地引導我們。以這等虔誠恭敬的心，我在狗貓身上找到許多舍利子、舍利花。

只要狗貓得到正確的引導，牠們當下解脫，就留下許多的結晶。其實，這正是放下屠刀，立地成佛的本意。狗貓勞碌了一生，在最後也就是最重要的時刻裡，很恭敬地把我們給牠們的祝禱全盤吸收，在瞬間就結晶，留下無限的寬慰。

狗貓的舍利子，很難像高僧大德的那麼晶瑩，但是仍舊擲地有聲。狗貓舍利子，像琉璃，或像燭火流下來的蠟滴，有如珊瑚，形狀不一，卻有一個共通的特性，就是

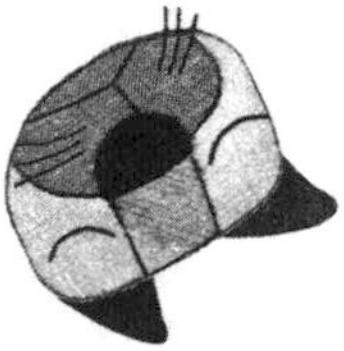

堅如鑽石，掉落到不銹鋼的檯子上，會發出清脆的金屬聲。而且，完好依舊不會破碎，甚至彷佛有磁性，掉下去不太彈起來。

舍利子常常像蠟滴一樣地留在骨頭上，顏色不一，或翠綠，或墨綠，或乳白。舍利花則彷佛菇蕈一般從骨頭上長出來，乳白、翠綠、透明，易碎，究竟怎麼產生的，沒有人知道，我只知道，只要一心一意，放空一切，自然會留下結晶。

我檢視過上百副焚化後的狗貓骨頭，舍利花有多有少，舍利子少些，我都鼓勵主人留下來做紀念，因爲這是個鞭策，狗貓從來不曾開口稱頌佛號，讚美主，何以還能留下這些結晶?!這不是什麼神奇的事，反而讓人心生警惕。牠們把自己的角色扮演得恰如其分，所以得以拿高分畢業。

我常常就藉機說些道理給主人聽，甚至在牠們接近生命尾聲時就先提醒，牠們會留下一些紀念品。有時是衝口而出，有時則是縱觀牠一生的表現來判斷，而牠們從來不曾讓我失望，這大概就是所謂的上帝的恩典吧。

無常宇宙中，舍利安人心

我總希望，因爲狗貓，主人們得以加分。又因爲讓主人加分，牠們自己也加分。

我喜歡讓主人們一起來檢視，看那原先堅硬的骨頭、牙齒，如今輕輕一捏就碎，再仔細把那些結晶挑出來，然後把骨頭倒入大研缽中，慢慢地磨成粉末。

一般三、四公斤的狗貓，磨碎之後，剛好平滿一個醬油碟子的量。

舍利子是金剛不敗嗎？那也不盡然。因爲太珍貴了，供奉都來不及，誰也不敢把它們拿去做實驗分析。信者恆信，那已經不是它是什麼，而是它得來不易，更堅定了人們的信念。然而，歷史上曾經爲了爭奪佛舍利而動過干戈。古人爭的是佛舍利的庇祐，而不是質疑佛舍利本身所呈現的宇宙智慧。

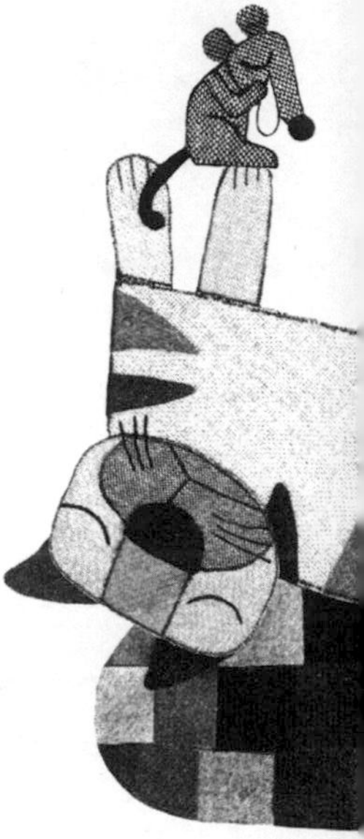

目前所知，至今八十萬年內，地球就已經發生過三十幾次冰河期，最近一次則發生在距今約一萬八千年前。八十萬年的間隔裡，我相信必定有文明的存在，而今這些文明又在何方？時間的洪流，從來不曾停歇，除非黑洞出現，因爲在黑洞裡時間也沒了。也難怪釋迦摩尼佛老人家總愛提起從前許許多多的古佛，我們所不知的歷史。緣起緣落，佛去佛來，也許祂老人家所告訴我們的種種故事，曾發生在某兩個冰河期之間，或者不一定就在這地球上。

根據頂尖的未來學家——日裔美人加來道雄（Michio Kaku）在《穿梭超時空》一書裡提到的，以宇宙學的角度來看，很可能在我們這個宇宙之外，還有無數個宇宙。而我們這個宇宙內，地球也不是唯一有生物的星球。我們的宇宙內有無數個銀河系，每個銀河系內又有無數個太陽系。瞧世尊老人家三不五時就用恆河沙之無限多、不可數來形容無限的可能。許多頂尖科學家、諾貝爾獎得主在走向人生的頂峰時，不約而

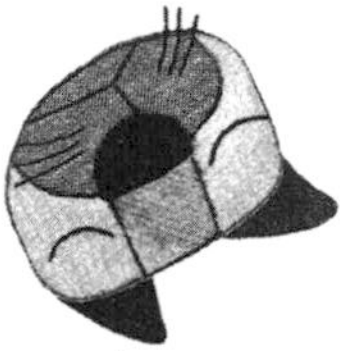

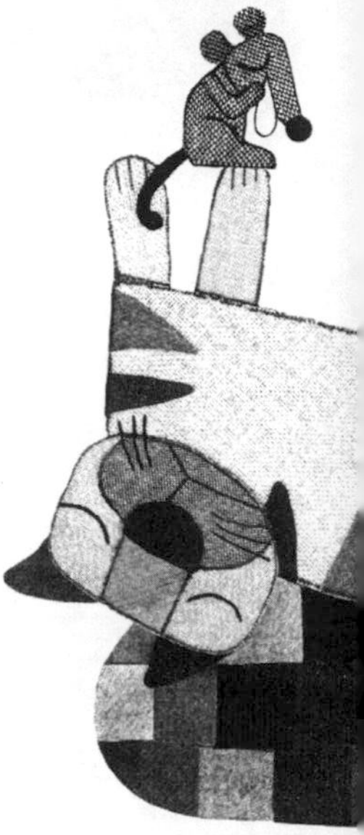

同地跳脫制約的科技，開始謙卑地整合各種人類文明，希望能多瞭解宇宙智慧。加來道雄還提到，每個宇宙可能有其不同於地球所在這個宇宙的種種定理、定律，自然就有許多我們無法想像的物質世界。

其實，科技的發展常常被科幻小說或電影所啓發。最簡單的實例就是「星鑑迷航記」（Star Trek）影集中，人們的通訊方式是拍左胸或對著手腕就可通話，造就了現在幾乎每個人生活不可或缺的手機。在十年前，大概沒有人料到手機會如此普及。同樣地，我們現在也無法知道未來會有什麼新鮮玩意出現，我們應該有的科學態度就是，謙卑地包容我們無法理解的事，就像宇宙學家常說的，我們對於這個宇宙的認識只有百分之四，更何況還有無窮盡的其他宇宙…。

這般細想、思索，再回頭看見舍利，安了道心，功德無量。

苦

時時刻刻和自己的心對話，學習放下。
如果時候到了。
當你真心誠意地希望曾為學伴的牠們好，
要知道，長壽是苦，牽絆是苦，
被當成心肝寶貝更是苦，
不要用自己對死亡的恐懼和疑慮
來面對牠們的離開，
不要因為自己不捨，
而讓牠們在這一世的功課無法圓滿。

知障

所謂的知障，就是看到了、手中握住了才肯相信，也就是因爲知識所引起的障礙、所引發的痛苦。許多人都有這種毛病，一定得從書本上得知才會相信。許多智者說的箴言，總覺得未經驗證，無法體會、無法相信。

古人早已說過：盡信書，不如無書。信也好，不信也好，眞正的智慧不會因此而失去了光芒。就像不管你稱呼玫瑰爲何，它依舊散發芬芳。

狗貓不讀聖賢書、不識方塊字、蚯蚓文，卻能遵行聖賢教誨，知識對牠們而言，根本就是多餘的。

讀聖賢書的人，就在框框裡打轉，轉呀轉的，日漸腐朽。聖賢書的眞義，不是讀

萬卷書，而是行萬里路。智慧不在書本裡，智慧在於起而行。當然，知與行合一才能顯現眞智慧。然而不知而行，依舊不偏不倚。讀書人總是只用腦袋瓜子，而不用心。順著你那原本無邪的心，智慧就在那底層。

傳頌千年的，是那些詩仙詩聖，因爲詩仙詩聖道出了眞性情；眞性情是什麼，就是用君之心，行君之意。

你的心、你的意又是什麼。人們知道得太多了，反而不知如何運用在生活上，這就是知識築起了障礙，就是知障。

學習動物的一心一意

聖賢尊天敬地，千古不移。孔夫子並不是不願談生死，只是他認爲書還沒讀透，談生死只會徒增困擾。衣冠楚楚的讀書人，參不透天地奧妙，就不過只是個讀書匠，一個搖頭擺腦的書呆子。

書呆子正是狗貓們都憂慮的，因爲人們總是朗朗上口豬犬不如之類的習慣用語，不見自己嗜吃豬肉，卻又瞧不起牠們，這就是知障加荒謬。

狗貓最不希望的就是牠的主人犯了知障，因爲知障要能解脫的整個心路歷程十分的漫長。牠們那渾然天成的智慧倉庫裡，實在找不到一蹴可即的錦囊妙計。

豬整天只想吃，但是牠們卻不笨，會認主人，而且願意將奶水分給狗貓、老虎，甚至老鼠。牠們在豬舍的一個角落大小便，另一個角落吃喝，又在另一個角落睡覺。可憐的母豬在狹小的高架床上，只能站起坐下，不能轉身。主人深信專家的建議，儘量不讓牠們有過多的活動，如此不會浪費卡洛里，所有的飼料就不會浪費在無謂的運動上，而能充分集結在懷孕與產生豐沛的乳汁上。可是，當牠大便後，牠會努力地踢到欄架外，將躺下的空間弄乾淨，然後舒服地側躺下來，讓小豬仔們可以好好地吸

乳，健康長大。豬無怨無悔的肉身奉獻，請問書呆子們可曾心存感恩？

狗更可憐，人們罵人狼心狗肺，狼的心又如何?!跟我們的心一模一樣，兩個心房兩個心室，只不過跳動得比較快些，只要是哺乳類動物，包括人類，都是完全相同的心臟構造。

人類發瘋時憤怒時就罵對方吃了熊心豹子膽，才敢如此膽大妄爲。豹子的膽是比人類的大一些，功能無他，不過就是把肝臟所製造的膽汁給儲存起來，作用很簡單，就是要中和胃裡已消化的食物，非常酸的已消化食物，如果不中和一下，到了腸道，腸子就毀了。爲了不毀掉腸子，膽汁出來把酸化物給中和了，好讓腸道可以吸取對身體有用的東西。

膽汁可是又苦又臭，沒幾個人敢嚐，敢吃豹子膽的人，不是「膽子」很大，而是個白痴。

科技儀器也有盲點

有位主人住得很遠，偶爾來找我都是搭飛機來，狗兒就裝在很小的提籃裡。

我曾經摸牠的脈搏，告訴他，牠有甲狀腺功能不足的毛病，所以才有皮膚掉毛、泛紅，甚至變黑搔癢的毛病，因此給牠開了夠用三個月的藥。但是他並沒有給牠服藥，因爲他覺得我又沒有給牠驗血，並沒有認眞的相信。

幾個月後，他來電說那邊的醫生替牠驗血，從報告中發現了甲狀腺低下的毛病。

我冷冷地告訴他，如果醫院突然停電，儀器動彈不得，病就不必看了嗎？

這位先生是個教書匠，相信數據，相信檢驗報告，相信報紙電視上說的，相信書上說的，沒有安定的心，總覺得狗兒不舒服，總覺得牠不夠健康，只要不是在他能理解的經驗裡，或是看不到有憑有據的具體事物，就是不太可靠。

我二哥是放射科的老醫生，在公家醫院待了二十多年。院內同仁對於他的判斷都

十分放心。他常常抱怨，現在的年輕醫生看病，總是喜歡搬出電腦斷層、核磁共振，而不好好看看最基本的X光片。基本功不好好磨練，總想依賴一大堆的檢驗才敢診斷。

X光片是實體大小的透視圖，是黑白的負片，X光射線穿透的量越多越黑，被骨頭、肌肉、結石、金屬等等阻擋而穿透的量越少則越白，可以看到骨架、牙齒、臟器的形狀，通常會照兩個面，正面與側面，以此來建構立體的影像。即使如此還是有診斷的死角，於是又發展出超音波、電腦斷層、核磁共振，正子攝影等等，好發現複雜或微小的病灶。當這些都不足時就是探測性開刀，直接打開來找，並且採樣做切片。所以X光片診斷是基本功，大概可以解決泰半的病例，相較於其他，費用也算是最便宜的。

用心的中醫看病望聞問切，連個聽診器也沒有，就可以頭頭是道地說出一大番，因爲他看病可是集中了精氣神，簡單地說就是用心。

我曾經去過紐約的動物醫學中心進修，在那扎實基本功，盡心盡力地吸收。在中心，所有的住院醫師都必須在放射科主任的指導下接受磨練。

花了整整一個月，我在課程之餘就到放射科的X光判讀室裡，跟住院醫師一同看X光片，一天看的X光片量，是我在學校裡所看過片子的總和。甚至，偶爾還會在片子上看到一些他們沒看到的，像是在腎臟延伸出來的集尿管上小小的一顆結石。

知障的毛病之一也在於基本功不扎實，以致太依賴儀器，而忘了自己還有腦袋，忘了還有眼耳鼻手與心。

用了心，再讀書

許多國家醫療奉獻獎的得主及老醫生，一生服務窮鄉僻壤，沒有大量的高度精密儀器，就用誠懇奉獻的一顆心以及最親近的眼耳鼻手心，用大醫院裡早就失傳的精巧手藝，替鄉民看病，誠心誠意地看病，腦袋裡沒有升官發財，沒有名揚四海，只有一

個最簡單的念頭，就是醫病醫心，讓來求診的每個病人，都能身心安頓。

用心而且全心全意的老醫生、老師傅，在科技狂瀾裡，只有逐漸凋零。就像麥克阿瑟老將軍說過的名言：老兵不死，只是逐漸凋零。

必須靠儀器才能診斷的醫生，坦白說，就是沒被教好，教他們的老教授們，常常忘了破除他們的知障。試想，如果，沒水沒電沒有一堆儀器，醫生們真的就不用看病診斷了嗎，在迫切的那一瞬間，生死一線啊！

亞東紀念醫院院長朱樹勳教授曾經提到他如何救了一個心臟被子彈打穿的病人。當時他還只是個小小實習醫生，所謂的銀蛋，他沒有時間消毒手，沒時間戴上滅菌手套，就用手指將心臟的破洞堵住，直奔手術房，終於將病人救活。

沒有洗手消毒，沒有戴上滅菌手套，居然敢直接堵住破了洞的心臟，讓它不再流血，而保存了生機。這可不是教科書教的標準程序，卻因而救活一個按正常程序可能

救不活的病人。

當所謂這些標準程序已成為主流意識時，人們開始依賴，依賴儀器、依賴書本，而忘了直覺、忘了老天爺給予他的眼耳鼻手心。

印度哲人克里希那穆提就說過，直覺就是智慧。那靈光乍現，屢屢改善了人類的生活。

人們當然要多讀書，但必須用心。

牽掛

牽掛是最牽腸掛肚、最折磨人的苦。

狗貓不喜歡牽掛，生前牠們二十四小時的牽掛，二十四小時的守護，往生了，回到那個永恆的世界，牠們就把牽掛這個枷鎖完全放下了。

牠們爲何可以那麼灑脫？那是因爲完成學習、完成任務，當然，就離解脫更近了。

儒家學「聖」，道家學「無」，佛家學「空」，基督則是以天國來應許眾生。其實，天國、聖界、無、空都是一體的，有所差別，只是在人類進化過程中會經歷的不同境界。

牽掛是細如絲的繞指柔，彷彿存在，卻又看不透；牽掛是最難斬斷的煩惱，也是最浮沈的苦。

苦是因爲習慣，習慣於回到家牠們就汪汪地追上來，習慣看見牠總是懶洋洋地躺在沙發上。一朝看不見牠們，家裡彷彿空蕩蕩的，十分不習慣，於是開始思念牽掛，思念牠們在家的時光，牽掛牠們現在在哪、過得可好…。

孰不知啊，思念牽掛只會羈絆牠們，此時早已不是牠們的他們，正在那永恆的靈界家裡修行。所謂一念三千里，這一念，也許就會把正沐浴在天國、安逸且而專心聆聽佛菩薩說法講經給打斷了。這樣的打斷，是很不道德的。

你可能會說，我就是沒法子不想呀，我就是牽掛啊，雖然也知道這種牽掛對自己對牠都沒好處，讓牠不能安安心心，自己則是生活大亂，就是不由自主啊……這不是無解，只看你願不願意。如果你願意，讓我們一起回到原始點——正知（正向的思考）、正覺（正向的覺醒）、正信（正向的思維）。

正知就是好好想想，想通了原來牽掛只不過是習慣了而已。習慣有好有壞，甚至不是壞的也不一定好。

權威時代的老總統，有許多擋子彈的隨扈。他們是孤兒，進入官邸後只會一件事，就是老總統一出門，他們馬上圍在他四周保護，當老總統過世之後，他們就解甲歸田。

有位老隨扈已經八十多歲。回到家，還是習慣坐在電話機旁，從前休假時，只要電話來了，他就立刻歸隊。守著守著沒多久，他就死了。

其實，牽掛成爲習慣之後，就成爲幽靈。幽靈是自古以來人類所畏懼的，不管你貴爲帝王、總統、諾貝爾獎得主或是販夫走卒。幽靈就是無法理解的恐懼，是天災突然降臨時你的第一個念頭。

破習慣，努力修持

還有一個更悽涼的故事，也是長輩告訴我的。

長輩有位教書的同事，老公是機師，非常疼她，小孩大了都去了美國，就剩夫妻倆老；她已經非常習慣被呵護照料得無微不至，那也是機師老公基於補償心理的體貼。結果，機師老公先走了，她成天坐在搖椅上，抱著老公的照片，不想吃也不想喝。子女要接她去美國她也不要，不到半年，從來沒什麼病痛的她就這樣走了。

習慣沒什麼好與壞，都是苦根。

有位老阿嬤，每天晨昏恭敬的燒香拜佛，祈求保佑闔家平安。一天，她病倒了，沒法子起來做功課，她十分牽掛，怕神佛因爲她沒來而生氣，心底十分痛苦。

她脫離了她的習慣，不由自主地產生罪惡感。這個罪惡感所以會產生，除了她識字不多，事理瞭解的有限之外，主要就是那舉世皆然的人性弱點——習慣。人性裡有

許多多坑坑洞洞，這些坑洞，正是人類必須勇敢去進化的理由。

神明可以保佑你，因爲祂們也需要功德，也需要學分才能圓滿祂們當初修行時所發的願。

佛菩薩是聖賢，是模範榜樣，好讓人們跟進。其實祂們很清楚各修各得、各造各受的宇宙智慧。人們很快樂地好好長進，祂們就十分寬慰。祂們最不需要的就是被祈求，祈求平安健康，祈求升官發財，因爲祂們是聖賢。請問，同爲聖賢的孔孟，可有被膜拜與祈求？祂們從來不曾受領香火，只有在考季之前，才會有人想到，或是到了教師節，而這個「想到」，甚至還有觀光的利益考量。

所謂「人要衣裳，佛靠金裝」，佛菩薩喜歡人們很歡喜地跟祂們問安，而不是鉅細彌遺大小事都要祂們保佑。如果是這樣，當佛菩薩就太累了，天天都有億萬人在乞求祂們保佑，不聞聲救苦也不行。

請相信：誰也保佑不了你，誰也救不了你，只有你自己才可能救你自己，所謂自助而後天助。神仙爲何要救你，你得先是扶得起的阿斗才行。

神佛會出手點撥協助的，是那些非常努力修行長進，卻又碰到瓶頸關卡的人，而不是漫天鋪地不努力不長進，卻又要糖吃的苦瓜臉。

祝禱，彼此都受惠

有了正知，就要進入正覺。等你「知」道了，也「覺」察了，那牽掛的苦自然可以解脫。

傷神牽掛動物，也傷你的心，眞是兩敗俱傷。

正覺，就是眞正的覺悟，悟出一些長智慧的方法。

牽掛，還不如祝禱，祝禱牠們在那永恆的靈界裡，好好地繼續修行。所謂水漲船

高，你的精進，牠們同時得以加分，這也適用於祭拜祖先——給祂們雞鴨魚肉、鮮花水果，不過就是飽一頓。那些尚未投胎轉世、尚未精進提昇的祖先，除了我們給予的拜懺供養，最重要的就是，因爲你的精進修行，祂們同樣受惠，因爲後浪推前浪，你的努力使得祂們早日圓滿，所以祭祖時最重要的話是：我會好好修行，希望在那一個次元的你們也同樣好好修行。

對已往生的狗貓，與其承受思念牽掛等心理上的折磨，不如定下心，給牠們祝禱鼓勵。鼓勵牠們回到老家，還是不要忘記修行。同時展現行動，讓牠們也可以受惠。

再一次提醒你，牠們本來就是你的共修、伴讀。共修，就是在良性的競爭之下，大家不是狀元，就是榜眼。總之，功名榜上，大家都名列前茅。

如果你才要開始修行，可以循序漸進地從瑜珈、禪坐中，關照你的心靈開始。從認眞的呼吸開始，關懷你的身體。帶著感恩的心，謝謝你還能呼吸還有心跳，因此才有這色身可以好好修行。

當你眞切體驗每一個呼氣、每一個吸氣，心就變寬了。寬心之後，靈就快活起來。

如果你有凡事祈禱的習慣，就從祈禱開始，引領牠們跟你一起祈禱。如果你有讀經持咒的優良習慣，那麼立刻起而行。所謂學佛就從行佛開始。就在這祈禱、讀經持咒之中，牽掛這等苦，自然慢慢就分崩離析。

祝禱持咒，就是告訴你的守護靈、指導靈，從此刻開始，你願意對自己負責，勇於承擔、勇於精進。

牠還有多久？

得了癌症的人，最想知道的是自己還有多少時光，他想知道，家人們更想知道，在悲痛之餘。

當狗貓們得了絕症，主人同樣焦急如焚，因爲他們需要時間來調適，來準備。

醫生們最怕回答這個問題，就如同他們十分不喜歡宣告這個壞消息一般。

有個醫界的老前輩在閒聊中提到一件事。手術檯上，病人不幸往生了，這時，誰也不想出去告訴焦急的家屬這個不幸。於是他們推來推去，最後只好猜拳，輸的人必須硬著頭皮，乖乖去推開手術室的門。

醫生是在高壓悶鍋裡過日子的行業，養成教育中就開始挑戰腦力、體力與精神狀態的極限。台北市醫師公會曾報告，他們會員的平均壽命比台北市民少十歲，而美國的獸醫師，在專業人員自殺率的排行榜上名列第三。

外科醫生的壓力尤其重，一半是自我的要求，另一半則是病患家屬的期盼，手術前的檢驗與預測，常常無法百分之百準確。以骨折爲例，X光片只是看到骨頭、變形的肌肉、韌帶及移位的血管，可能在切開時突然炸開來。片子裡清楚看到的骨頭卻不知在哪，摸索半天，撥開斷裂的肌肉，終於摸到了，這時得小心，尖銳的斷端很可能劃破手套，或者刺傷手指。軟組織不能隨便切斷，只能慢慢用鈍剝來分離，很可能血管與神經就在裡面，運氣不好的時候，你所面對的是已經骨折好幾天了。在救回生命的優先順序下，這個手術排在後面，這時未即時清除的傷口血塊，可能已經開始腐敗而四處蔓延。在第一時間立刻處理應該可以挽回，這時，恐怕只好截肢。那種想救也救不回來的錐心之痛，一般人偶爾碰到，痛哭一場也許就過去了，但是醫生卻永遠有

機會重複去面對。

當手術快完成時，突然心跳變慢，血壓降低了，呼吸停了下來，心底所冒出來的念頭是：「嘿！別跟我開玩笑！」運氣好的時候，該做的緊急處置終於把病人從鬼門關前拉了回來。手氣背的時候，好像被老天爺重重打了一拳，汗水濕透全身，已經空白的腦袋，還得擠出一些話語來面對在外焦急等候的家屬。手術順利，累一點沒關係；失敗了，面對家屬可是從天上突然掉下來的酷刑，會把疲累給趕跑。

這一步步，彷彿穿的是千斤的鐵鞋，沈重啊！

回答這種還有多久的問題，卻比千斤鐵鞋還令人沈重。然而，有問就得有答。通常，醫生會根據統計數字來推斷，然後給個答案。只是，未必是眞正的答案。統計算的是一些最佳的可能。有可能，當然也會有意外。生命這個玩意，未必能十分精確地給算出來。所以，醫生們能給的答案是籠統的，是統計出來的概算。讀者還記得我前面提到的三三定律？有三分之一握在老天爺手裡，這天威不可測的三分之一。

寬心，度過每一天

之前，我就提過，醫療工作者跟修理車子的黑手師傅沒兩樣，他們想盡辦法讓車子還可以啓動，還可以跑，但是他們都不知道車子還可以跑多遠多久。因爲，開車的人也是關鍵，小心駕駛當然可以開久些，手粗腳粗的人就非常難說了。

生命不是機器，什麼時候累了就熄火。有時候，還眞猜不準。

《了凡四訓》的作者袁了凡年幼就被鐵口半仙判會早夭，結果他自己扭轉命運而活到七十四歲。

他把這老天爺額外給的七十多年光陰，好好過著，並且把諸多珍貴的人生經歷寫下來奉勸世人，成爲廟口到處都可見的善書之一。遍佈全台灣大大小小宮、廟、寺，

都有各種經書勸世文可以免費索取，在資訊不發達的年代，其教化的功能與野台戲、布袋戲、傀儡戲並行，潛移默化之下，形成相當純樸的民風。

淨空法師就曾經提到，他的八字也很不好，算來算去只能勉強活到四十來歲。如今他已八十，依舊到處宏法。因爲他念頭一轉，不畏生死，努力過好每一天。他的「淨空學會」專修淨土宗，鼓勵大眾專心念佛，同時到處鼓勵信眾幫往生者助唸，希望大家有一天都到西方極樂世界相會。

慈濟的證嚴上人，從小心臟就不好，如今也已到七十古來稀之齡，仍舊風塵僕僕四處救苦救難。

法鼓山的聖嚴法師，身子骨一直不太好，近年來爲腎臟功能變差所苦，仍舊以自身修行爲榜樣，到處宏法，參加聯合國的宗教活動。甚至在二〇〇六年的台大畢業典禮上，勉勵學子，不要只追求升官發財，要努力儲存生命財，而在台灣引發一連串的

共鳴與讚歎。

佛光山的星雲大師，八十高齡，心臟動過手術，腿也開過刀，斷過幾根肋骨，悠遊在生死關前數回，卻依舊神采奕奕的講經弘法、寫作著書，辦《人間福報》，也在海內外建了三所大學，爲人間佛教的弘揚不遺餘力。

其實，狗貓跟這些大德一樣不畏生死，牠們平靜過好每一天。當那一天來了，也不過就像電池沒電一般，四條腿一蹬；反而是我們的憂慮讓牠們擔憂，我們驚恐過著每一天，擔心那一天到來。

寬心是一天，提心吊膽也是一天，被折磨的都是自己。

流過淚後，努力放下

地球目前最大的威脅，不只是臭氧層越破越大，因爲地球的暖化只會越來越快，

而是那些銀河系裡的流氓，就是那些自從盤古開天地以來就存在的流星隕石。稱它們爲流氓，只是彰顯它們的不按牌理出牌，不按我們所建構的文明禮教所講求的秩序。科學家想瞭解宇宙運行的秩序，這些星球生滅時所爆發出來的副產品，就像無處不在的搗蛋鬼。

地球曾經被大大小小的隕石撞擊，因而造成千萬年前恐龍的集體消失。最新的觀察是，二一〇〇年左右，隕石會撞上地球。這麼說來，地球人們還有八九十年的時間來解決這個大碰撞的麻煩。只是這個問題，目前只有天文學家、宇宙學家在擔憂，而這些手無縛雞之力的書呆子們，也永遠無法說服那些操控地球的侏儒政客們正視人類生存的關鍵時刻。

宇宙星球永不停歇的生生滅滅，在小小地球上的動物們也同樣地來來去去，要問牠們還有多久，跟這個攸關人類命運的麻煩相比較，就變得十分渺小。

我之所以把狗貓的生死，放大到和地球的生死來對照，目的只有一個：滅絕這種機制絕對不分大小。如果讀者還沈陷在小小的滅絕漩渦之中，那就太小家子氣了；天天提心吊膽、焦慮恐慌，仍無法改變那顆隕石的行進軌道。

聖賢不斷告誡我們，如果不停的擔心、害怕、哭泣，可以讓悲劇不發生，那就繼續擔心害怕吧！我也常常運用這個教誨，當動物往生那一刻，主人們放聲大哭，我就會說：「如果大聲哭泣可以叫牠們活過來，那我也陪你們一起哭吧！」但是捫心自問吧，這眞的是你要的嗎？當然，強忍傷痛也不健康，然而宣洩傷痛不該也只是痛哭一場，哭完了，是不是心頭還是一片悵然？

同伴動物剛往生時，聽說還有八小時才消失聽力，也就是說，所有的機能都喪失時，聽覺還會持續八小時，這是牠往高處、善處提昇的黃金時間，你應該以牠的未來爲優先考量。如果心頭還是沈悶，想痛快大哭一場，不妨去青山綠海，面對浩瀚的無

邊無際，將卑微的一點點自我障礙，還諸天地。甚至學學小孩子，哭完了，完全放下，高高興興地繼續嬉戲。緊抱傷痛還不如將它輕輕放下，轉而深深吸口氣，用力吐出來。檢視四周，有沒有看不順眼的髒亂，站起身來，將它們處理掉。或者，去安撫有同樣傷痛的人，這時傷痛反而可以正向轉化成靈性提昇的推進力。

踏實地過，繼續做功課

該來的一定會來到，還有多久，只能預估猜測，倒不如平心靜氣、老老實實地安牠們的身心。先把牠的後事打理好，召告與牠認識的親朋好友，盡快抽空來看看牠，給牠加油打氣做爲告別。天天提醒牠將來要從頭頂出來，去牠該去的地方，要非常勇敢地往前走，不要回頭，因爲那是一個充滿光明而嶄新的開始。要牠不可留戀、牽掛，每天不斷地講，講給牠聽，也講給自己聽。

該去哪就去哪，不要有過度的期盼，尤其不要希望牠將來再回到我們身邊，甚至當我們的小孩。這種希望會讓牠們不由自主地承諾，可能會打亂了牠們原有的既定行程。

有人主張，要告訴即將往生者盡快回來投胎，但靈魂若沒有好好地努力修行，即使再次轉世回來，對這個世界幫助不大，徒然增加地球的負擔罷了。倒不如趁著輪迴的空檔，好好休息，把累世所修得的學分好好查核一番，缺什麼學分就補修什麼課。在那兒就可以補足，當然不用急著回來。當牠們修行圓滿了，自由自在了，若地球人類碰到大劫難時，再回來鼎力相助就好了，屆時，牠們已經不是牠們，能力更高，可以施展的空間更大。

非常踏實地過著每一天，時時刻刻跟自己的身心靈對話。每天在睡前檢視自己身體的每一個部位，帶著感恩的心謝謝它們的順暢運作，辛苦了。感覺每一個呼吸、心跳，慢慢地，你的心，也就是你的思維就會停下來，慢慢地放空。放空思維就像吃過

飯，把碗筷洗乾淨。碗筷不洗乾淨，下一餐拿什麼來吃飯呢？

身心安頓好，開始靈的學習。讀經禱告、持咒、頌聖號，甚至進行光的課程等等，跟你的守護靈一起進修。記得把狗貓也請過來一同學習，這是牠們這一世來的必修學分。

不管還有多久，讓自己踏實地過日子，你所擔憂所害怕的心情自然消失無蹤。如果還是會動搖，靜不下來，就檢視擔憂害怕的這些念頭，學學佩瑪．丘卓（Pema Chödrön），把它貼上妄念的標籤，然後擺到一邊，繼續你的功課。

還能做什麼？

「我還能做什麼？」這是在醫院裡常常會聽到的感嘆，動物醫院當然也不例外。

當晴天霹靂的壞消息到來時，下智之人就是柔腸寸斷地嚎啕大哭。哭天喊地，怨老天爺不公，爲什麼這麼好一個人，這麼好的一隻狗，這麼乖的一隻貓，會得到這種惡疾，連大羅天仙也束手無策。

中智之人，哭雖哭了，卻還能靜下來，悲心升起，想盡辦法，希望還能做些什麼。也許是補償心態，懊惱爲什麼平常沒有對牠們好一些……其實，彌補的只是慌亂的心。

也許是那不願意向命運低頭的一股鬥志，總想再放手一搏。只是，太陽累了，要下山了，留下一片彩霞，讓人陶醉一番。千呼萬喚，太陽還是落山了。而人類並不那

麼孤獨無助的，太陽下去了，還有月亮呢。大白天縱然有月亮，人們是看不見的。除非運氣好，正好一東一西，讓眼界寬廣的人，習於謙卑的遙望天際的人才得以賞見。

稱爲中智之人，就因爲他們還有進步的空間。

往者已矣，來者猶可追，我們究竟還能做什麼？

證嚴上人就說過了，進了醫院，把身體交給醫生，其他就交給菩薩吧。也就是說，裝修的事就交給專家來處理，其他的讓老天爺來做主。

事實上，我們能做的還眞是有限，但在心與靈的層次上，我們至少可以加些油。

生重病的人，絕大多數都是萬念俱灰，很容易就自我放棄了。這眞是可惜啊，因爲他在面臨升等考試時，卻臨陣脫逃不想考了。

生病除了是老天爺讓我們得以喘氣休息之外，也是一個考驗，考驗我們的靈是否願意更上一層樓。

所有的善意謊言，其實都已無法寬慰病人，病人眞正需要的是安慰心靈。他們想知道接下來會去哪，天堂還是地獄；是心不甘情不願地投降，還是心中坦蕩蕩了無遺憾——這才是重點，讓他們了無遺憾。

首先就是要同伴動物放心，我們一定不離不棄，陪牠們走完全程，哭喪的臉色是最糟糕的毒藥。牠們已經那麼努力地與病魔博鬥，爲什麼就不給牠們加點油呢?!

走到生命末期的動物們，最需要的依然是鼓勵。

我們還能做什麼，除了讓牠們放心，就是給牠們開智慧，告訴牠們，一定會圓滿結束。讓牠們去接近大自然，大自然是最具療效的醫院。在溫暖的陽光底下，儘管吹的還是刺骨的寒風，我們依然感到無限希望。

這時，我們可以不斷地提醒牠們，未來的另一個世界就是這般陽光普照，再也沒有寒風刺骨，再也沒有酷熱難熬，只有穩定、快活的空氣，一片祥和，套句佛家常說的話：「充滿法喜。」法就是智慧，那充滿智慧的歡喜。

簡單堅定的信念

當你問「我還能爲牠做什麼」的時候，其實只是在問，我還能爲我自己做什麼、做些什麼樣的調適。

這時，不妨唱唱蓮花生大士咒，也就是開智慧並讓人心生歡喜的金剛上師語：「唵阿吽班雜咕嚕叭嘛悉地吽」。自己配調子，很歡喜地唱：OM AH HUM VAJRA GURU PADMA SIDDHI HUM。

當然，如果你是個讀書人，只讀聖賢書，不妨試著背背《波羅蜜多心經》（簡稱《心經》），細細地去體會全篇的意境。

如果你是個速食主義者，也罷，就唸下面這段心經裡最後的那個即說咒曰：「揭

諦・揭諦・波羅揭諦・波羅僧揭諦・菩提薩波訶。」

蔡志忠這位修行漫畫家對這段咒的解讀是：「走在半路的同道呀！走在半途中的同道呀！走往彼岸的悟者們呀！走向彼岸！走向彼岸！哈哈哈，登上彼岸後多快樂呀！」

當我第一次聽到這個咒語時，不知不覺就唱了出來，十分自然，仔細想想原來是小時候跟在外婆身邊的記憶。外婆完全不識字，就因爲有僧人教她這麼唸，她就用海陸腔的客家話，每每餵雞餵豬時，就這麼唸著。從來，她也不知這個咒的眞義，只是覺得把牠們養大然後賣掉，心有戚戚焉，希望牠們將來好好去投胎到好人家，不要再當畜牲。

其實，點化眾生，深奧的經典是使不上力的，一個簡單的咒語，就是一個簡單而有力的信念。

我外婆相信這樣唸有用，就像她能養活十二個小孩一般的堅定。她生於一九〇九年，蔣經國先生當行政首長時，我就問過她，她到底幾歲，她的回答是：「我與蔣經

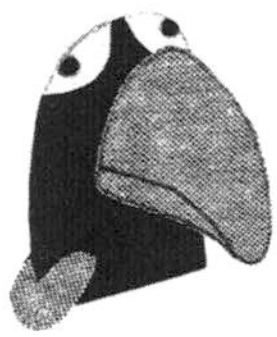

國同年。」我母親排行老大，最小的舅舅只比我大兩歲。外婆十三歲時被外曾祖父買來當童養媳，十六歲與外公成婚。外婆家離我家大約五十公尺，我沒事就窩在那兒，幫外公曬藥、磨藥、包藥、幫外曾祖母磨藥，或者在她氣喘發作時，幫她搥背、刮砂。外婆對我近乎溺愛，即使到現在，只要是我說的、我想要的，她都會當聖旨一般。外婆六十歲那年外公過世，她茹素至今。因爲不識字，小時候她常常要我教她唸經，其實有許多字我也不認得，即便認得也不知道用客家話該怎麼唸。八十多歲時到長青學苑開始學識字，每天用小學生的格子簿一筆一筆地寫，我小兒子出生，她送個紅包，寫了幾個祝福的話，末了簽名「外婆」，她認爲「外婆」就是她的名字。

行慈悲心，一同精進

同樣的簡單而堅定的信念，也出現在一個很有名的故事裡。

有一天一位僧人走入深山，看見遠方一間茅草屋頂霞光滿佈，僧人很驚喜，認爲住的一定是哪位高僧大德，輕輕推門進去一看，原來是位瞎眼老嫗很專心地唸著：「嗡嘛尼貝咪牛。」

他很好心地走上前告訴她：「老婆婆，妳唸錯了，應該是嗡嘛尼貝咪吽。」老婆婆謝過之後，心頭一動，改爲正確的唸法。

僧人離去之後，回頭一看，啊！霞光不見了，趕緊再走回去跟她說：「還是唸妳習慣的吧，別管我教妳的。」老婆婆心頭穩了。果然，霞光又再度出現。

究竟，我們還能爲牠們做什麼?!你當然可以做很多，以牠們的名義去做功德佈施，爲牠們花錢做法會。

佈施的功德比法會還要高強，因爲法會就是請諸佛菩薩來做東，請四方上下左右的冤親債主們都來聚餐，一面吃喝，一面做開示。只是就這麼一頓盛宴，他們開智慧

了嗎？不盡然。佈施則是佛子弟們最簡單的行佛，行比知還重要啊！

你能做的就是設法給自己開智慧，以你深藏在心底的慈悲心，多做佈施。這些佈施，不只是物質上的，也許只是一句句的加油，也能讓對方心生歡喜、很快活地過著每一天。「揭諦．揭諦」彷佛是一聲聲的：「加油！再加油！」

不要覺得自己何德何能，德與能本來就深埋在你的心底，只是你常常忘掉罷了。你要把那個「能」找出來，再啓動你的德。因爲你與牠曾經是共修，而今你還活著，還「能」繼續精進。就像我們在寫研究報告要發表時，總會把指導老師或提供資料的人也放在作者欄上，雖然他們沒有實際參與研究論述與撰寫，但他們對於研究報告的成型還是有功的，所以列爲共同作者。

狗貓正是我們的指導老師，或研究資料的提供者。

你有了成果，牠們與有榮焉。人們長進，牠們受惠，所謂「一人得道，雞犬升天」。

死別之苦

苦這個玩意實在很難解析清楚，於是有人想到用指數來歸納，就像昏迷指數一樣。大家常常可以聽到昏迷指數，卻不一定知道這是怎麼定出來的，因爲那是醫學名詞。同樣地，談苦指數，也只是在玩統計遊戲。

統計數字，可以說出一些規律的大概，卻不一定就是事情的眞相。

痛苦的眞相，就是沒有實相。隨著不同的情緒、層次、意識的深淺、文明、禮教的約束，會有不同的面向。打個比喻吧，心這個大區塊，很難用大家熟悉的科學原理、定律與數學來表現，心的彈性很大，就好像喝酒，有人愛啤酒，有人嗜紅酒，有人則愛香醇的烈酒，而勞動階級普遍愛喝藥酒。酒只是個代表名詞，卻也可以衍生出

不同的面貌。

本書至此，我要把苦的部分做個了結，但不想涉入心理、邏輯、科技，只談因動物而衍生出來的苦，十分普通而常見，經典不一定可以解救普通人，但是以經典爲基礎而推衍出來的簡單說法，除了深入，還可以淺出。

無解之苦

面對狗貓突然的、意外的死亡，我們第一個念頭就是「爲什麼？」。就好像聽到親朋好友突然死了，腦袋裡出現的第一個念頭。

即使你用很高的分貝問「爲什麼」，一樣不會有答案，只不過是替痛苦找些藉口，想抽離這個無法言喻的痛苦，那股椎心之痛也許因爲吶喊而引爆出來，但也就如此罷了，烈焰燒不了太久的，燒太久，就會讓人眞正的生病啦。所以，當你問完「爲

什麼」之後，立刻深呼吸，持續深呼吸，將自己拉回現實、眼下。

太陽沒有因爲你憤憤不平的嘶吼而停止運轉，當你吶喊時，其實痛苦正在消除，就像我們常常勸人家，難過就哭吧，哭出來就會好些。

下智之人，就是繼續哭喊，不斷地無效地哭喊。中智之人，哭完了，開始想找人算帳，找個出氣筒，想把痛苦合理化。當然，痛苦只能稍微減弱，不會就此消失。上智之人，在遭逢橫逆的瞬間，立刻將痛苦轉化成一股正念、一種助力，將悲劇圓滿地收拾掉，不造口業、不留遺憾，並且把這些橫逆一點一滴地切碎，仔細審視起心動念的整個過程，然後放下，開始正常地呼吸，正常地吃喝拉撒睡。

我曾經開車撞傷人，那一瞬間，腦筋一片空白。幾天前，我騎著機車與一個沒打方向燈便左轉的汽車擦撞。那一瞬間，腦筋又是一片空白，汽車駕駛搖下車窗猛道歉，我則輕輕拍拍他的車說：「對不起，是我自己不小心。」然後我才完全回神。那

個恐怖的空白立刻消失無蹤。我若無其事地回家洗澡吃宵夜，驚恐的空白完全被我摧毀。退一步，果眞是海闊天空！

思念之苦

唯有不再思念同伴動物，牠們才可能過得好。

一念三千里，思念是人性的成分，當然也是狗貓的成分之一。

思念如果是正向的提昇，那就是助力。只是我們思念的常常是我們曾經「擁有」的，那只是牽扯，擁有就是相互的牽絆。我們很容易忘了彼此的關係，忘了彼此是共修，大家都是同學，沒有誰擁有誰。我們擁有的是一堆照片、美好的回憶。

同學之間常有良性競爭，所以，如果現在你擔心牠們過得好不好，說是「牠們」其實已經錯了，因爲，牠們已不再是牠們。就像許多人用牠們原來喜歡的食物與玩具來祭拜，那是一種在原地踏步的錯誤。牠們曾經借住在動物的身上，而今已非昔日阿蒙，牠們早已脫胎換骨囉。

還不如問問牠們，在天上的學堂裡，可有好好唸書、讀經？我們的正念，牠們立即感應，會更加勤奮。

如果，我們是用淚眼來思念，這一念三千里，牠們在學堂上可就坐立不安了，那就是個妨礙。

與其思念牠們過得好不好，倒不如看看自己過得好不好。如果你過得不好，牠們是會被扣分的。在牠們的有生之年，並未善盡同窗之誼，讓你開智慧，恐怕會被扣掉許多分。

也許你眞的過得不好，思念不曾斷過。其實，前頭已提過，思念只是因爲習慣牠們在身邊，呼之則來，揮之則去，我們很習慣於本諸人類劣根性的沙文主義，認定牠們應該就在身邊。

天底下沒有永遠的應該，你必須當下頓悟。讓牠們擔心，會導致牠們被扣分，這是非常不道德的。

被當成心肝寶貝的苦

同伴動物並不是你的小孩，牠們也不是永遠的心肝寶貝。

你應該疼惜你的同伴動物，那是天經地義。但是對於世俗裡所認知的心肝寶貝，牠們可是敬謝不敏，因爲牠們什麼都不想當，只想當個稱職的伴讀書僮。

現在社會上有股歪風，爲動物打扮、穿戴名牌，這樣做會讓牠們更快樂嗎？完全沒有，反而委曲得很。狗貓是不喜被束縛的，名牌也不過就是條頸圈，一件礙手礙腳的衣服，甚至有人替牠們穿鞋子！穿上鞋子，只是主人想偷懶，省得外出回家替牠們擦腳。狗的腳底肉墊分開來，是爲了強化抓地力，跑起來自然健步如飛。許多長毛

狗，腿毛腳毛過長而蓋過腳掌，在光面的地板上容易滑跤，有時候主人們會戲謔地笑牠們滑壘成功，來掩飾牠們的挫折感。因此，我會要求每隻長毛狗都剃光腳毛，讓每個肉墊勇敢地露出來，減少滑倒、韌帶受傷的機會。讓腳掌舒暢地露出來都來不及，居然還加上鞋套，這是不人道的。再者，狗全身沒汗腺，只有腳掌有少許，天熱時，牠靠少量的排汗以及大量的呼氣來散熱。許多狗鞋子的材質標榜不透水，如此下雨天也可以穿——這又是人類另一個沙文主義的幼稚——因爲不透水，當然就更難排汗，這不是利益牠們，反而是虐待牠們。

許多漂亮的項鍊或是領巾，很容易夾到脖子的毛，讓牠們既痛又癢，不斷搔癢的結果是，讓主人誤以爲牠得了皮膚病而上醫院花冤枉錢。

許多人上街遊行示威時愛帶著愛犬同行，天涼還好，天熱就慘了，除了出些風頭，贏來鎂光燈閃個不停，牠可慌得很。小型狗本來就愛熱鬧，只是吵雜喧鬧的躁音

與污濁的空氣，實在不如待在家裡吹冷氣舒服。大型狗在熱天易中暑，中暑容易造成嚴重脫水、休克、急性腎衰竭或是腦缺氧，死亡率非常高。

我們掏心掏肺地替牠們打扮，只不過讓主人的虛榮心得到滿足，讓主人的缺憾得到些許的填補。

另一股由來已久的歪風就是訓練狗貓表演把戲，讓牠們只靠兩條後腿站立，像僵屍一樣地跳來跳去，贏得掌聲的同時，也增加了牠們提早長骨刺的機率。因爲，只靠後腿站立，牠必須搖搖擺擺地拉動脊椎骨，四周的韌帶在過度拉扯之下，久了就像沒有彈性的橡皮筋，自然無法再好好地保護脊椎。

所以訓練動物耍把戲的不人道，並不只是來自人類的道德判斷，而是日積月累之後，牠們的身體容易提早發生故障。

當然動物的優異表現與表演把戲，必須嚴格區分，工作犬喜歡服務人群，邊境牧

羊犬、黃金獵犬喜歡接球、接飛盤，緝毒犬以優越的嗅覺協助緝毒，緝私犬幫忙阻遏非法蔬果肉品闖海關，而在災區找生還者、在火災現場協助指揮交通的其他犬類，這些工作對牠們而言，純粹是好玩也是牠們所樂於奉獻，和表演把戲是天壤地別兩回事。逼迫牠們穿金戴銀、做出高難度的表演，牠們也會勉強給主人面子，只是委曲得很。

如果你當牠們是心肝寶貝，牠們想要說卻又說不出口的是：「寶貝你自己吧！」因爲牠們秉諸趨吉避凶的天性，自然就會小心翼翼地寶貝好自己，不勞費心，反而是人類，很少懂得如何眞正地寶貝自己，花大量的心思去貪、去虛榮、去保住顏面，而忘了古老的天賦本能，那才是眞正的寶貝。

羈絆之苦

在加護病房裡，我們看到的是一群被機器支撐、沒有靈魂的肉體，他們之所以苦苦支撐著，只是因爲家屬的不捨。

就是這種不捨，讓他們無法離開地獄。加護病房跟地獄沒兩樣，口中插著氣管套管，壓迫了聲帶，口不能言語；想解脫，卻又身不由己。他們已經沒有做出決定的能力，苦啊！

如果心跳呼吸停止了，立刻給予CPR、給予電擊，心跳呼吸也許恢復了，肋骨卻不知斷了幾根，電擊之後，更在胸部留下一圈燒焦了的肌膚。渾身插了靜脈點滴，讓那微弱的臭皮囊繼續有一搭沒一搭地新陳代謝著。

救急的儀器，應該用在有希望的生命之上，而不應該救窮。

聖嚴法師就說過，有一天，如果他生重病了，還可以救就救，實在不行，請不要再做無謂的浪費。

沒有希望的延續，正反應了家人、主人們的無明困惑，因爲他們還飄浮在無助之中。

何以無助？因爲害怕，沒了方寸，不由自主。無法自主，卻讓病患繼續受地獄之苦。

靜下來，盤腿坐好，想想這一切，行雷久南博士教的「八八四」呼吸法：扎扎實實地吸氣，一口一口，吸八口氣，然後緩緩地呼八口氣，一樣是一口一口，清清楚楚，再來停止呼吸，默數一、二、三、四，然後同樣地吸氣→呼氣→停止，如此持續三回，腦袋就會清朗許多。如果還是不夠清朗，就繼續這樣，直到身心安頓好了，這時指導靈自然會給你指示。

因爲指導靈最怕人們慌亂，慌亂時什麼話也聽不進去，祂們也就無法幫忙。當你平靜下來，其實不必被提醒，你就知道如何走下一步。

「無謂」正是苦，苦不堪言。

長壽之苦

表面上看來，長壽是喜事一件，但不全然正確。

世俗裡，我們都希望父母長命百歲，因爲我們所當盡的孝道，似乎還不夠，孰不知我們的孝順，其實常常只是順，而沒有孝。

眞正的孝順，就是不可陷父母於不義，這個不義就是沒有讓父母福慧增長。只有順而沒孝的孝順，只會讓父母被扣分。因爲他們生養我們，卻沒有傳授我們智慧，有的只是他們的牽掛。他們牽掛的其實就是他們心靈中所缺少的一角。

我們得細細去體察這個缺角是否眞正是遺憾，因爲許多遺憾都只是認知上的不足，爲人子女必須將這個認知的不足，予以解析，讓長者釋懷。

同樣地，身爲主人的我們，一廂情願希望同伴動物活得長長久久，很可能就會讓牠們的心靈無法安息。

跑完漫長的馬拉松，選手要的只是一杯水與喘息。在那恍惚的當下，名次完全不重要，重要的只是「饒了我吧」。

自古人類追求長壽，除了我們所知道的種種原因之外，就社會層面而言，長壽的人，累積了人生、社會經驗，本身就是個資料庫，年輕人碰到問題來請教，彷彿就是來翻百科全書一般。在資訊有限的時代，這些百科全書可眞是珍寶。

當資源越來越少時，資源的分配運用就非常重要。

老狗老貓活得越老，需要主人細心的照料就越多。如果因此影響了主人的生活步調，牠們還是會被扣分的——即使這天意的三分之一，是牠們無法掌握，被扣分很無奈，當然其苦無比。

我們苦兮兮地長命百歲，不是福氣，還可能是折磨，因爲怎麼老是畢不了業?!

蘋果的花老是不謝，蘋果可就沒法子結出甜脆可口的蘋果。

在進化提昇的道途上，我們得仔細透視種種的苦。當你深深體會到苦，苦就會生出甘味來。當你感到痛苦時，痛苦即將過去。

苦中必有樂的常則

既然生命是這樣的「苦」，和同伴動物的連結這般牽扯，只求「獨善其身」是否比較聰明？拒絕跟牠們發生任何感情交流，是不是就不用承擔如上之苦楚，就不會面臨輪迴的負擔與傷痛？

輪迴與因果並不是佛教專有名詞，而是非常實際的物理化學現象，也是犯了知障的許多讀書人最大的困惑。他們固學辨義，卻從來不曾放寬心地實際瞭解。再拿前面也談過的簡單例子：水有三態，固態、液態、氣態。水「因」爲碰到高溫，結「果」就變成了氣態的水蒸氣。水蒸氣「因」爲碰到低溫，結「果」變固態的冰。水蒸氣、

水、冰，碰到不同的「因」，不斷輪迴成不同的狀態，這些不同的狀態，隨時會隨不同環境的原「因」，而有不同的結果。

生命的輪迴跟水的三態變化，同樣自自然然。

生命中的苦樂，爲何那麼自然地連在一起，因爲苦中有樂，樂中有苦。苦與樂自有其因果輪迴。獨善其身，表面上看起來好像就與苦難隔離了，其實不然！因爲苦在有良知的心版上早已劃上刻痕，怎麼抹也抹不掉。不與同伴動物們交流，可能暫時不那麼苦，只是眞能多一點快樂嗎？如果修行到一個高層次，拿得起，放得下，或許；而拒絕餵養，沒有任何情感交流，也就沒有痛苦負擔；可是，我們都很清楚，即使不理會牠們，牠們也不會消失無蹤，苦的「因」沒有消失。

這是標準的鴕鳥心態，以爲轉身不理，惡魔就會消失；以爲獨善其身，就可以無事一身輕。因果輪迴是宇宙常存的智慧，就像醫生常說的：「因」爲你不愛惜你自

己，熬夜，抽煙，喝酒，結「果」就把你的身體搞壞。

回到原點，不強求

我在此書一開始就說了，同伴動物是我們的共修，我們一起站上生命的舞台，在互爲主、配角的腳本裡，彼此之間的互動，一定是來自不可言說的奇妙因緣。既然被牠們挑選上了，那表示千百累世以來，我們一定曾經有過相處，也許是家人、親戚、師徒，或者只是一面之緣，一飯之恩。

因緣既然成熟，是彌足珍貴的，且讓它來來去去，自由又自在地運作吧！

遠離痛苦，自古以來一直是人類的奢望。古代的人資訊有限，所以轉而向內尋求解脫。現在的資訊多得令人目不暇給。我建議讀者多看書，用心看些完全跳脫傳統與制約教化的書，看些與科技、生活毫不相干的書，看些諾貝爾獎項以外的書，例如：

宇宙學、未來學、整合學等等。書中沒有黃金屋，也沒有顏如玉，卻可以讓心思完全抽離現實。看全球公認的現代螞蟻學泰斗，人稱螞蟻先生的艾德華·威爾森（Edward O. Wilson），如何將藝術、宗教、生物學與文化文明融通在一起。看看加來道雄如何探索愛因斯坦的人生，看他如何看未來一百年，看他如何端倪這個宇宙。深夜裡仰望星空，看看有幾個星座是你認識的，看看月圓月缺、日蝕月蝕、流星雨……天地之大，人是何其渺小。那個即將消失的痛苦，在宇宙現今可知的一百四十六億光年無邊無際的寬廣裡，其實只是汪洋大海中偶然冒出來的一個小泡泡。

期盼讀者了脫生死之後，也能在往後的延伸閱讀裡，自由自在地飛翔，找到屬於自己的心靈家園。讀了本書，如果你們覺得十分欣慰，請承諾：我願佈施我的善言巧智！

延伸閱讀

* 《傾聽動物心語》（2006），天寶．葛蘭汀（Temple Grandin）、凱瑟琳．強生博士（Catherine Johnson, PhD.），木馬文化。
* 《陪牠到最後》（2005），麗塔．雷諾斯（Rita M. Reynolds），心靈工坊。
* 《演化：一個觀念的勝利》（2005），卡爾．齊默（Carl Zimmer），時報出版。
* 《愛因斯坦的宇宙》（2005），加來道雄（Michio Kaku），時報出版。
* 《宇宙的寂寞心靈》（2004），奧弗拜（Dennis Overbye，遠流。
* 《資本家的冒險》（2004），羅傑斯（Jim Rogers），商周。
* 《穿靴子的咖哩皮皮》（2003），杜白，幼獅文化。
* 《我的同伴動物》（2003），李．葛金（Lee Gutkind），胡桃木。
* 《點亮自性之光》（2003），克里希那穆提（Krishnamurti），人本自然。
* 《與無常共處》（2003），佩瑪．丘卓（Pema Chödrön），心靈工坊。

＊《存在禪》（2002），艾茲拉．貝達（Ezra Bayda），心靈工坊。

＊《動物權與動物福利小百科》（2002），馬克．貝考夫（Marc Bekoff）編，桂冠。

＊《狗狗知道你要回家》（2001），魯玻特．謝德瑞克（Rupert Sheldrake），商周。

＊《知識大融通》（Consilience，2001），威爾森（Edward O. Wilson），天下文化。

＊《OHARA的導盲日記》（2001），張國瑞，日之昇。

＊《科學與神秘的交叉點》（2000），賽琳娜．羅內道格（Serena Roney - Dougal），人本自然。

＊《時間簡史》（2000），史蒂芬．霍金（Stephen Hawking），藝文印書館。

＊《前世今生》（2000），布萊恩．魏斯（Brian L. Weiss），張老師文化。

＊《貝魯娜的尾巴》（2000），郡司奈奈惠，日之昇。

＊《綠色薩伐旅》（2000），瑞克．瑞基威（Rick Ridgeway），雙月書屋。

＊《回歸身的喜悅》（1999），雷久南，琉璃光。

＊《回歸心的喜悅》（1999），雷久南，琉璃光。

＊《西藏生死書》（1998），索甲仁波切（Sogyal Rinpoche），張老師文化。

* 《恩寵與勇氣》(1998),肯恩·威爾伯(Ken Wilber),張老師文化。
* 《全像宇宙投影三部曲》(1999),麥可·泰波,琉璃光。
* 《莫妲》(1999),雷夫·海佛爾(Ralph Helfer),智庫。
* 《與神對話III》(1999),Neale donald Walsch,方智。
* 《與神對話II》(1998),Neale donald Walsch,方智。
* 《與神對話I》(1998),Neale donald Walsch,方智。
* 《天使走過人間》(1998),伊莉莎白·庫伯勒—羅斯(Elisabeth Kubler-Ross, M.D),天下文化。
* 《打開我心靈的天使》(1998),蘇珊·麥洛伊(Susan McElory),時報出版。
* 《旅行開麥拉》(1998),麥可·克萊頓(Michael Crichton),雙月書屋。
* 《動物解放》(1996),彼得·辛格(Peter Singer),關懷生命協會。
* 《穿梭超時空》(1995),加來道雄(Micho Kaku),商周出版。
* 《寶瓶同謀》(1993),Marilyn Ferguson,方智。

Caring 040

動物生死書

Living and Dying of the Companion Animal

作者—杜白

出版者—心靈工坊文化事業股份有限公司
發行人—王浩威　總編輯—徐嘉俊
執行編輯—周旻君　美術編輯－李宜芝

通訊地址—106台北市信義路四段53巷8號2樓
郵政劃撥—19546215　戶名—心靈工坊文化事業股份有限公司
電話—（02）2702-9186　傳真—（02）2702-9286
Email—service@psygarden.com.tw　網址—www.psygarden.com.tw

製版・印刷—中茂分色製版印刷事業股份有限公司
總經銷—大和書報圖書股份有限公司
電話—（02）8990-2588　傳真—（02）2290-1658
通訊地址—248新北市五股工業區五工五路2號
初版一刷—2007年1月　初版二十五刷—2022年3月
ISBN—978-986-7574-89-3　定價—260元

國家圖書館出版品預行編目資料

動物生死書——杜白作
-- 初版. -- 臺北市：心靈工坊文化，2007〔民96〕 面；公分.
--（Caring：40）參考書目：面

ISBN—978-986-7574-89-3（平裝）

1.生死學　2.臨終關懷　3.動物心理學

191.9　95023766

心靈工坊 PsyGarden 書香家族 讀友卡

感謝您購買心靈工坊的叢書，爲了加強對您的服務，請您詳填本卡，
直接投入郵筒（免貼郵票）或傳眞，我們會珍視您的意見，
並提供您最新的活動訊息，共同以書會友，追求身心靈的創意與成長。

書系編號—CA040　　書名—動物生死書

姓名　　是否已加入書香家族？ □是 □現在加入

電話（公司）　　（住家）　　手機

E-mail　　生日　　年　　月　　日

地址 □□□

服務機構 / 就讀學校　　職稱

您的性別—□1.女 □2.男 □3.其他

婚姻狀況—□1.未婚 □2.已婚 □3.離婚 □4.不婚 □5.同志 □6.喪偶 □7.分居

請問您如何得知這本書？

□1.書店 □2.報章雜誌 □3.廣播電視 □4.親友推介 □5.心靈工坊書訊
□6.廣告DM □7.心靈工坊網站 □8.其他網路媒體 □9.其他

您購買本書的方式？

□1.書店 □2.劃撥郵購 □3.團體訂購 □4.網路訂購 □5.其他

您對本書的意見？

封面設計	□ 1.須再改進	□ 2.尚可	□ 3.滿意	□ 4.非常滿意
版面編排	□ 1.須再改進	□ 2.尚可	□ 3.滿意	□ 4.非常滿意
內容	□ 1.須再改進	□ 2.尚可	□ 3.滿意	□ 4.非常滿意
文筆／翻譯	□ 1.須再改進	□ 2.尚可	□ 3.滿意	□ 4.非常滿意
價格	□ 1.須再改進	□ 2.尚可	□ 3.滿意	□ 4.非常滿意

您對我們有何建議？

▲您的意見，我們將轉貼在心靈工坊網站上，www.psygarden.com.tw